Für Étienne, Émile, Léonie
V. A.

Für Joséphine und Jean
E. T.

Ebenfalls erhältlich:

ISBN 978-3-8369-5748-9

ISBN 978-3-8369-5911-7

ISBN 978-3-8369-5328-3

ISBN 978-3-8369-5364-1

ISBN 978-3-8369-5949-0

ISBN 978-3-8369-5673-4

ISBN 978-3-8369-5868-4

ISBN 978-3-8369-5992-6

Layout und Gestaltung: cedricramadier.com
Wir danken dem Aquarium La Rochelle SAS (www.aquarium-larochelle.com) für die wissenschaftliche Beratung.
Die Originalausgabe erschien 2011 unter dem Titel *Inventaire de la mer* bei Albin Michel Jeunesse

Übersetzung: Cornelia Panzacchi, Göttingen
Der Gerstenberg Verlag dankt Dr. Timo Moritz, Meeresmuseum, Stralsund, für die fachliche Durchsicht.
Printed in China
www.gerstenberg-verlag.de
ISBN 978-3-8369-6029-8

Virginie Aladjidi & Emmanuelle Tchoukriel

Blauwal, Seestern, Oktopus

Die Welt der Meere

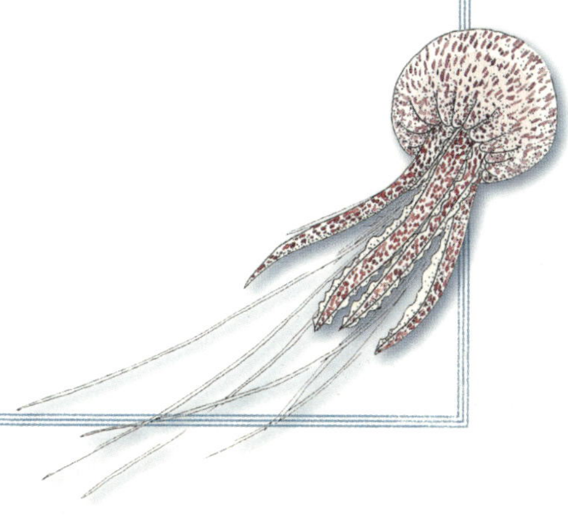

GERSTENBERG

VORWORT

In diesem Buch stellen wir über hundert Tier- und Pflanzenarten aus den Weltmeeren vor.

Emmanuelle Tchoukriel ist auf wissenschaftliche Illustrationen spezialisiert und eine begeisterte Hobbytaucherin. Für dieses Buch bannte sie die Schönheit der Meeresbewohner auf Papier.

Die schwarzen Linien ihrer Zeichnungen sind mit Rotring-Zeichenstift und Tusche ausgeführt, die Lebhaftigkeit und gleichzeitige Zartheit der Farben ist mit Aquarellfarben wiedergegeben.

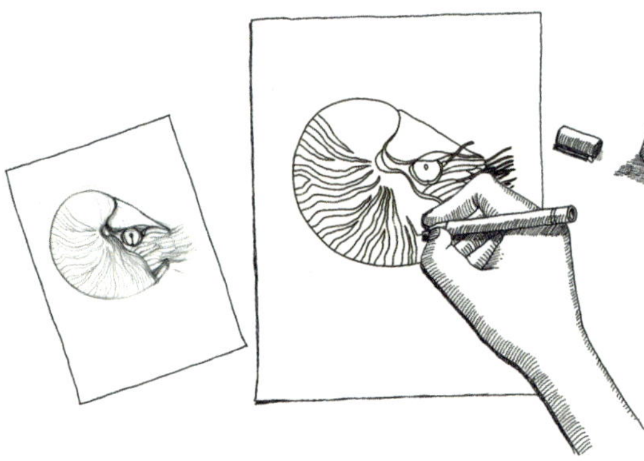

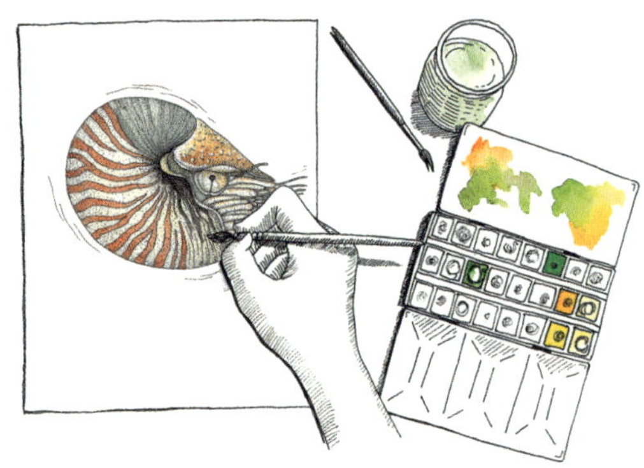

Keinesfalls erhebt dieses Buch den Anspruch, die ganze Vielfalt der Meereswelt einfangen zu können! Wir wählten von den 250 000 Arten gut hundert aus, die im Rahmen der zehnjährigen *Studie Census of the Marine Life** beschrieben wurden.

Hier ein wichtiger Hinweis für angehende Meeresbiologinnen und Meeresbiologen: Nach derzeitigem Forschungsstand leben in diesem Ökosystem, das 70 Prozent der Erdoberfläche bedeckt, noch 750 000 unbekannte Arten!

Doch leider ist diese unglaubliche Artenvielfalt bedroht: durch Überfischung, Umweltverschmutzung und die Zerstörung von Lebensräumen. Der Klimawandel und die Versauerung des Meerwassers gefährden die Meeresbewohner ebenfalls.

Die Abnahme der Artenvielfalt ist bereits unübersehbar. Über ein Drittel der in den Meeren heimischen Arten ist bedroht, darunter der Pottwal, der Blauwal, der Dugong, die Grüne Meeresschildkröte, der Blauflossen-Thunfisch, die Korallen und der Hammerhai.

Krebstiere (Krabben, Garnelen, Krill) stellen 20 Prozent der Meeresarten. Weichtiere (zum Beispiel Kraken, Muscheln und Schnecken) stellen 17 Prozent. Fische stellen 12 Prozent.

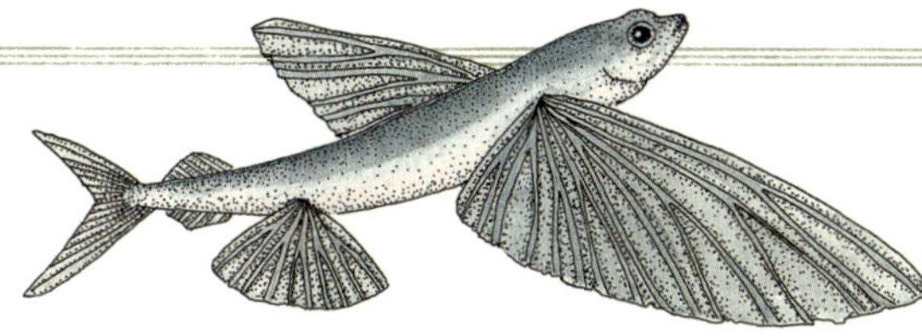

Einzellige Mikroorganismen und Algen stellen jeweils 10 Prozent. Die übrigen 31 Prozent der Meeresarten entfallen (in der Reihenfolge ihrer Artenzahlen) auf: Meereswürmer, Nesseltiere (wie Korallen und Quallen) und Säugetiere.

Die Letzteren stellen die wenigsten Arten. Dennoch sind sie für uns nicht weniger faszinierend: Wale und Delfine sind Säugetiere wie wir, sie atmen über die Lunge, säugen ihre Jungen und leben dennoch unter Wasser und damit in einer Welt, die von unserer grundverschieden ist.

In eiskalten arktischen und antarktischen Gewässern, in tiefen sauerstoffarmen Meeresgräben oder im hellen, warmen Wasser nahe der Oberfläche: Überall im Meer ist Leben.

Viel Spaß beim Eintauchen in diese stille und doch so lebendige Welt!

Virginie Aladjidi

* Census of Marine Life war ein internationales Projekt zur Erforschung der Meeresbewohner, das von 2000 bis 2010 lief. Im Mittelpunkt stand die Beschreibung von Arten, aber auch die Erforschung der Entwicklung des Meereslebens und der Wanderungen zahlreicher Fisch- und Meeressäugerarten. Die offizelle Website des Projekts ist www.coml.org (auf Englisch).

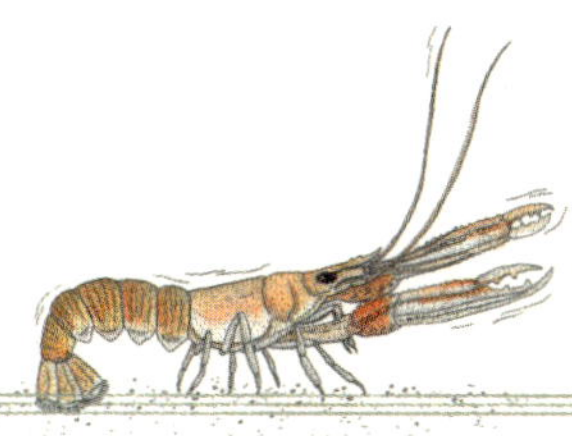

INHALT

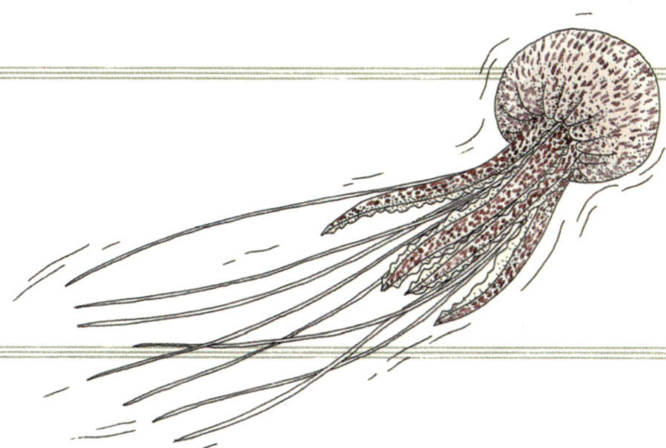

Narwal

Monodon monoceros

Klasse: SÄUGETIERE

Narwale sind geschickte Schwimmer mit einem langen, spiralig gedrehten Stoßzahn, dessen genaue Funktion bis heute nicht bekannt ist. Möglicherweise dient er als Sinnesorgan. Weil der Narwal keine Finne (Rückenflosse) hat, kann er unter der Eisdecke des Arktischen Ozeans in der Umgebung des Nordpols schwimmen. Er wird bis zu fünf Meter lang (ohne Stoßzahn gemessen).

Walross

Odobenus rosmarus

Klasse: SÄUGETIERE

Das bis zu 1500 Kilogramm schwere Walross ernährt sich vor allem von Weichtieren und lebt in großen Kolonien von bis zu 1000 Tieren im Arktischen Meer. An Land sind seine hinteren Gliedmaßen in dieselbe Richtung gedreht, beim Schwimmen im Wasser in entgegengesetzte Richtungen. Seine Stoßzähne dienen ihm als Waffe, aber auch als Eispickel.

— *Tafel 3* —

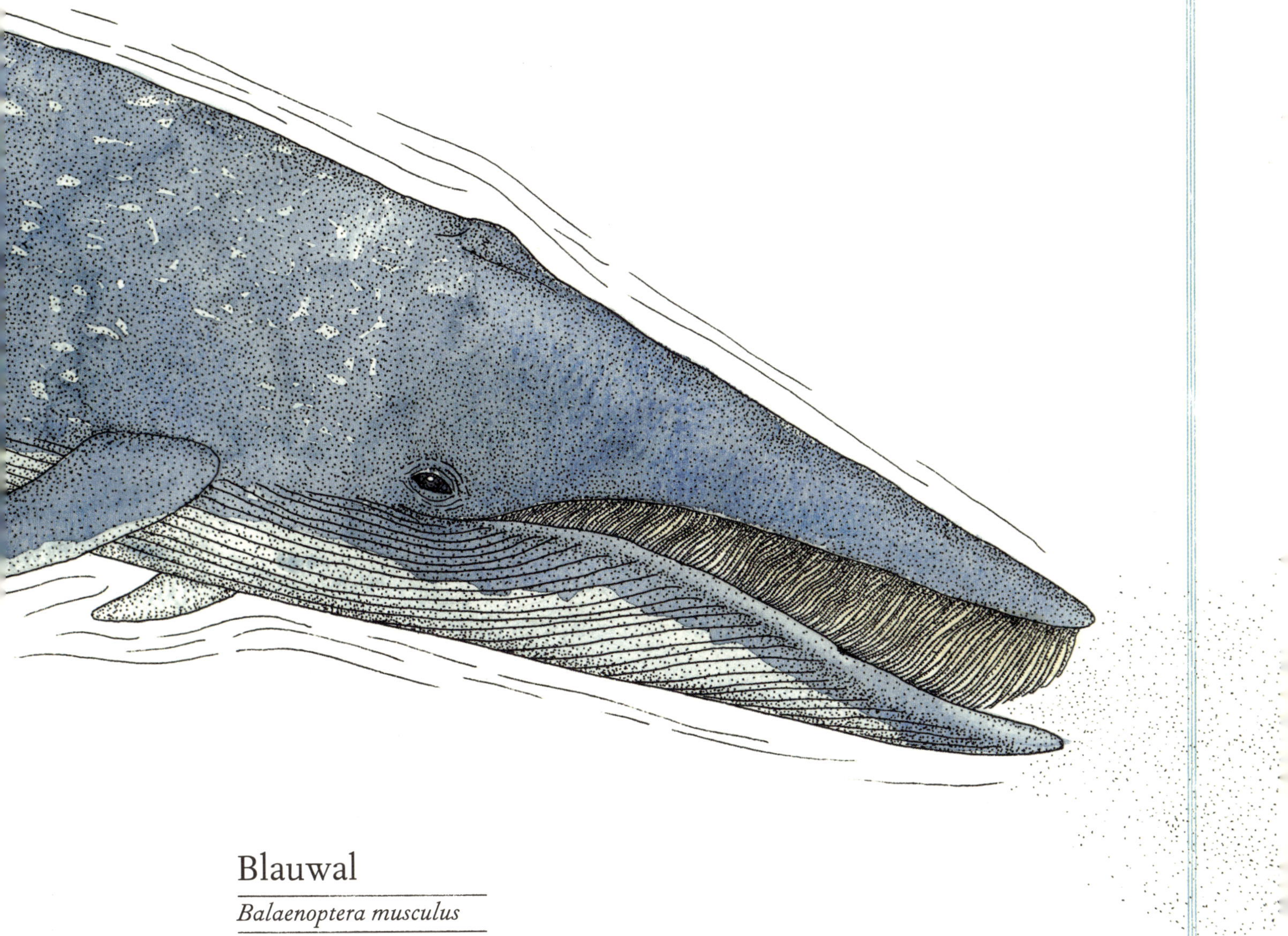

Blauwal

Balaenoptera musculus

Klasse: SÄUGETIERE

Der größte aller Bartenwale kann bis zu 33 Meter lang und bis zu 200 Tonnen schwer werden. Man erkennt ihn an den hellen Flecken auf der graublauen Körperfärbung. Der Blauwal muss zum Atmen auftauchen. Dabei stößt er seinen heißen, feuchten Atem kräftig durch die Blaslöcher aus. Die Ausatemwolke, der Blas, ist sechs bis neun Meter hoch und schon von Weitem zu sehen.

Südafrikanischer Seebär

Arctocephalus pusillus

Klasse: SÄUGETIERE

Südafrikanische Seebären sind äußerst geschickte Schwimmer, die sich im südlichen Pazifischen und Atlantischen Ozean tummeln. Sie jagen und fressen im Wasser und kommen zum Ausruhen an Land. Die Paarung findet ebenfalls an Land statt. Von den Hundsrobben unterscheiden sich die Seebären durch den längeren Hals und die kleinen Ohrmuscheln.

Dugong oder Gabelschwanz-Seekuh

Dugong dugon

Klasse: SÄUGETIERE

Tag für Tag frisst ein Dugong bis zu 40 Kilogramm Seegras, das er vom Boden seichter Bereiche des Indischen oder des Pazifischen Ozeans abweidet. Vom rundschwänzigen Manati, ebenfalls eine Seekuhart, unterscheidet er sich durch seinen dreieckigen Schwanz. Er wird drei bis vier Meter lang.

Schwertwal

Orcinus orca

Klasse: SÄUGETIERE

Der Schwertwal ist ein schwarz-weißer Zahnwal mit einer großen Finne (Rückenflosse). Er jagt in Küstennähe Pinguine und Robben. Mitunter greifen Gruppen von Schwertwalen auch junge Wale anderer Arten an. Dabei wenden sie ausgeklügelte Jagdtechniken an, bei denen sie miteinander kommunizieren.

Ostpazifischer Delfin

Stenella longirostris

Klasse: SÄUGETIERE

Dieser Meeresakrobat streift in Schulen (Gruppen) von 20 bis 100 Artgenossen durch tropische Gewässer. Er ernährt sich von kleineren Fischen und Tintenfischen. Wenn ihm Boote mit Delfinbeobachtern zu nahe kommen, fühlt er sich gestresst.

Pottwal

Physeter macrocephalus

Klasse: SÄUGETIERE

Der Pottwal ist das größte Raubtier der Erde. Mehrmals am Tag taucht er zwischen 300 und 2000 Meter tief, um an seine Lieblingsspeise zu gelangen: Riesenkalmare. In Pottwalmägen wurden schon 5000 bis 7000 Kalmarschnäbel gefunden! Man nimmt an, dass Pottwale bestimmte Töne einsetzen, um die Riesenkalmare zu betäuben.

Abb. 1

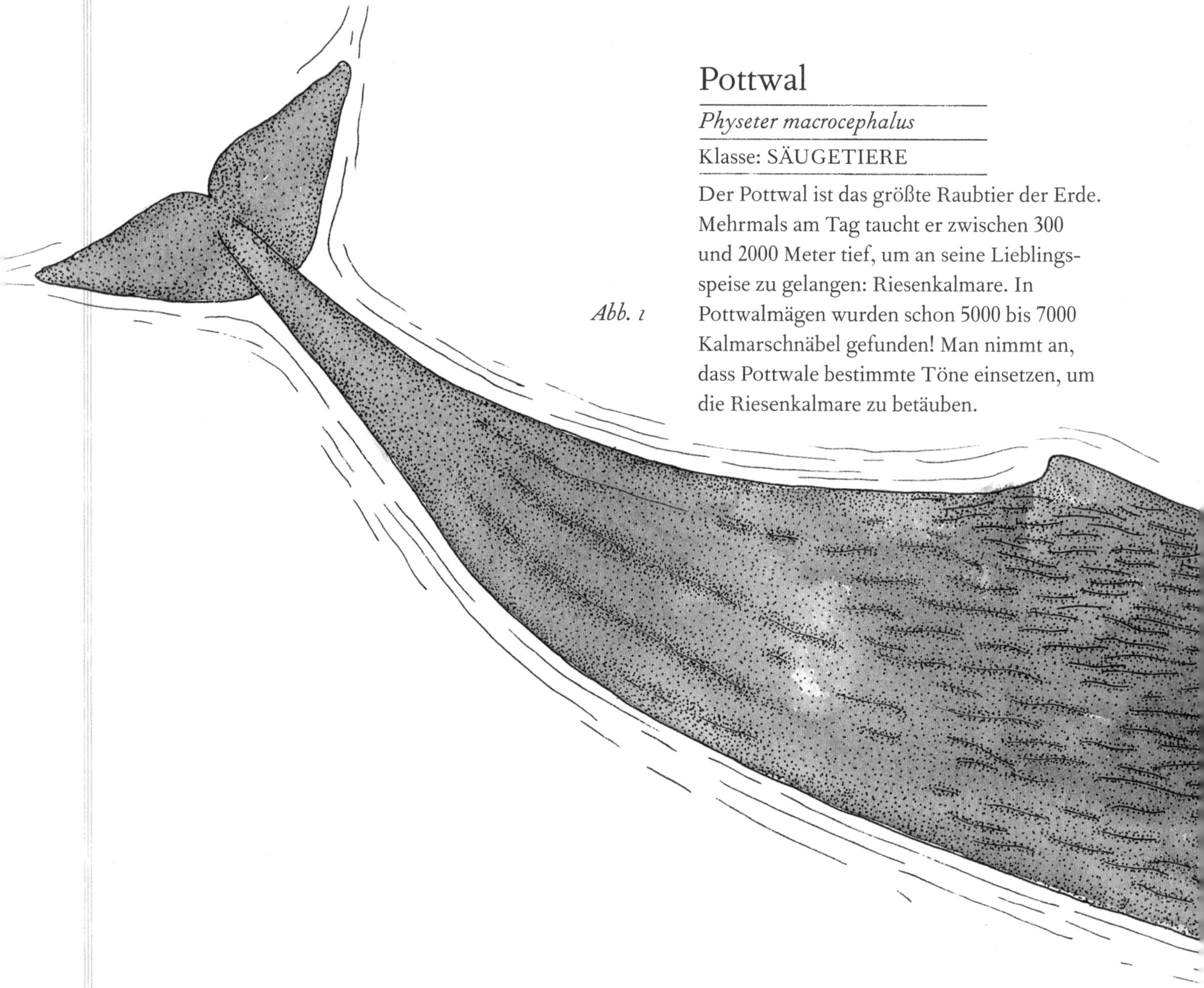

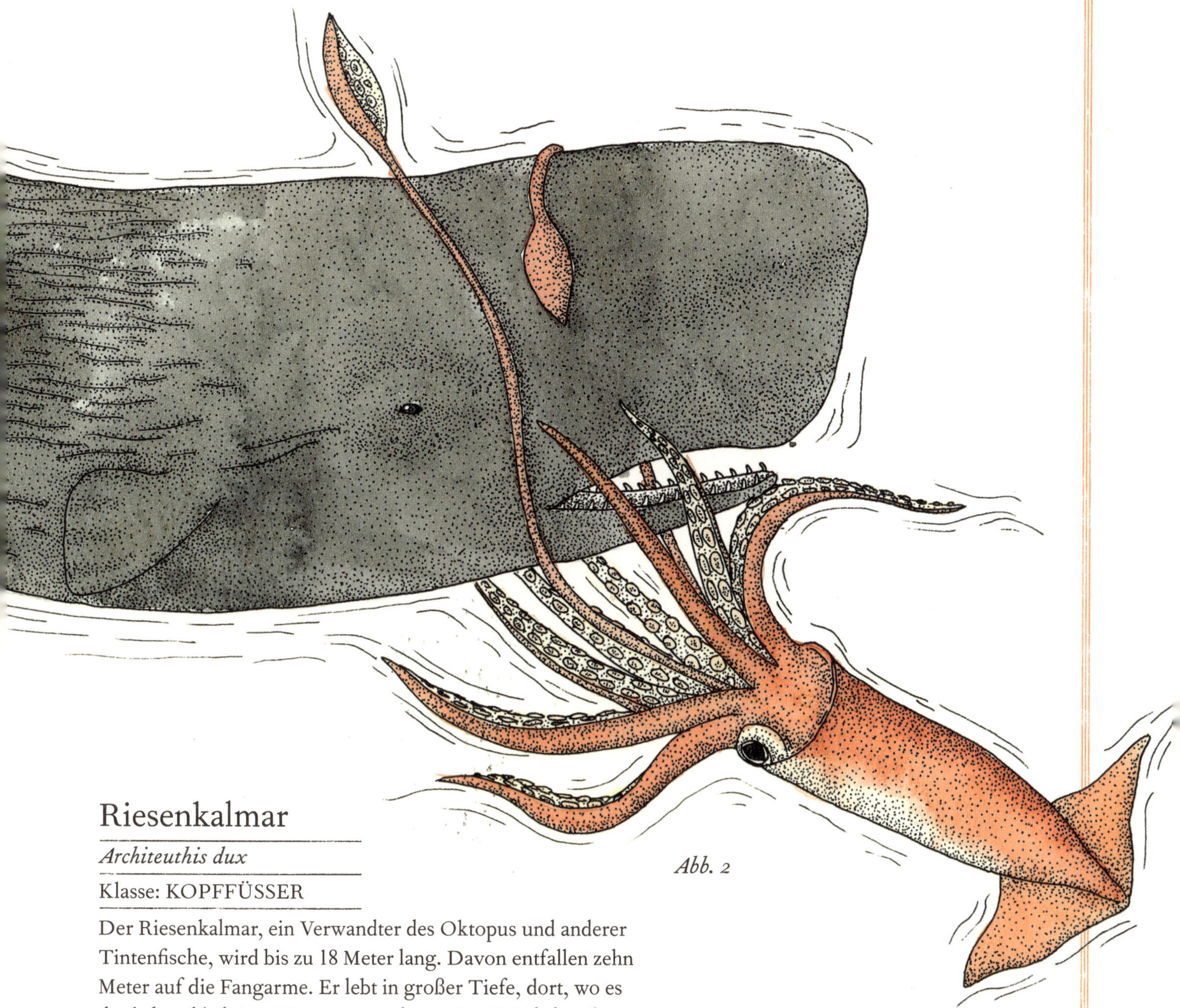

Abb. 2

Riesenkalmar

Architeuthis dux

Klasse: KOPFFÜSSER

Der Riesenkalmar, ein Verwandter des Oktopus und anderer Tintenfische, wird bis zu 18 Meter lang. Davon entfallen zehn Meter auf die Fangarme. Er lebt in großer Tiefe, dort, wo es dunkel und kalt ist. Diese Art wurde erst im 19. Jahrhundert wissenschaftlich beschrieben, nachdem mehrere Exemplare angespült worden waren, und wir wissen immer noch nicht viel über sie. Die ersten Fotos lebender Riesenkalmare wurden 2004 in 900 Metern Tiefe aufgenommen.

Gewöhnlicher Krake oder Oktopus

Octopus vulgaris

Klasse: KOPFFÜSSER

Jeder seiner acht Fangarme, auf denen sich der Krake fortbewegt, ist mit über 200 Saugnäpfen besetzt. Mit dem unten im Kopf sitzenden scharfen Schnabel frisst er Weichtiere und Krebstiere. Wenn er angegriffen wird, verspritzt er Tinte. Kraken sind die mit Abstand intelligentesten Weichtiere: Sie können sich Informationen merken und somit lernen.

Gewöhnlicher Tintenfisch

Sepia officinalis

Klasse: KOPFFÜSSER

Er hat zehn Arme. Zwei davon sind länger und werden auf der Jagd als Fangarme eingesetzt. In seinem Körper hat er einen flachen ovalen Auftriebskörper, den Schulp, den man oft am Strand findet.

Abb. 1

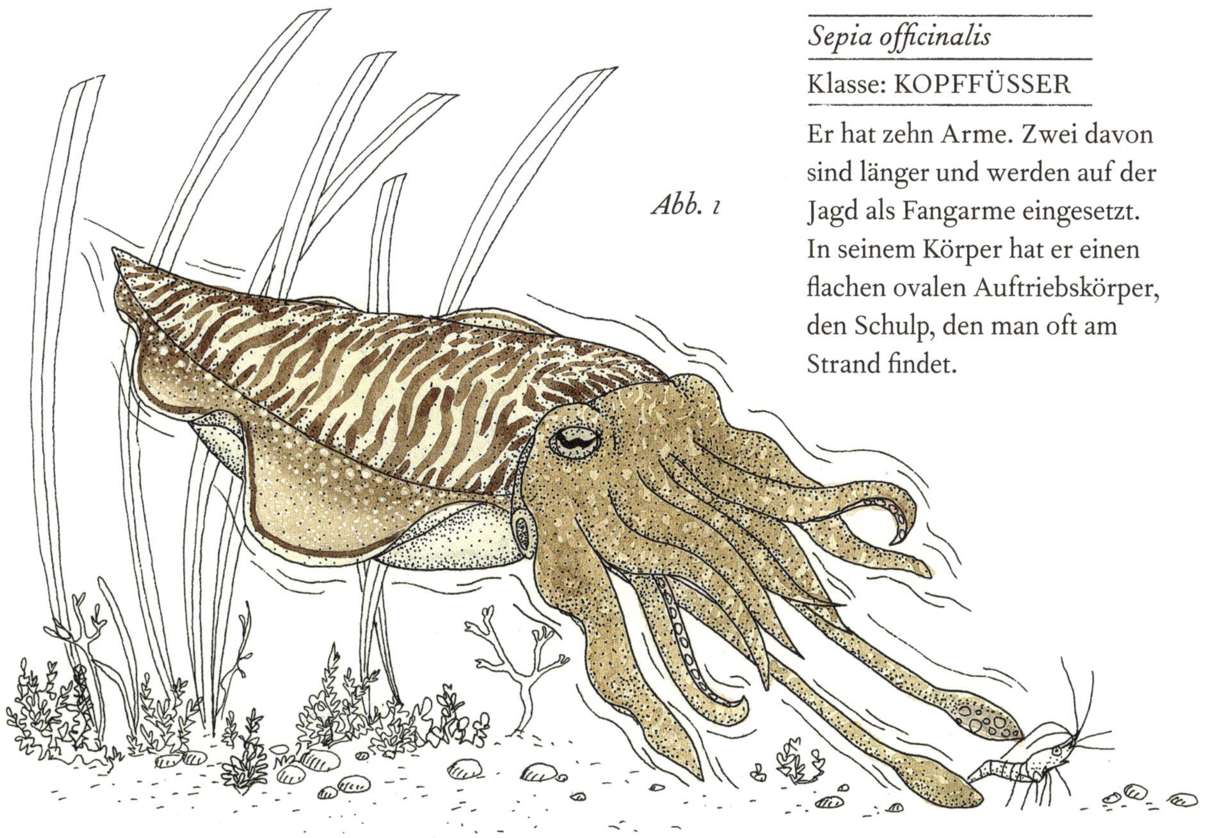

Perlboot

Nautilus pompilius

Klasse: KOPFFÜSSER

Verwandte dieses etwa 20 Zentimeter großen Kopffüßers gab es bereits vor 400 Millionen Jahren! Die Art ist in der Umgebung von Pazifikinseln sowie in den Gewässern vor Australien heimisch. Die Schale besteht aus mehreren Kammern. Das Tier befindet sich in der vordersten. An seinen 80 bis 90 Tentakeln sind keine Saugnäpfe.

Abb. 2

Diese Weichtiere besitzen einen muskulösen Fuß und ein Haus: Es sind Schnecken.

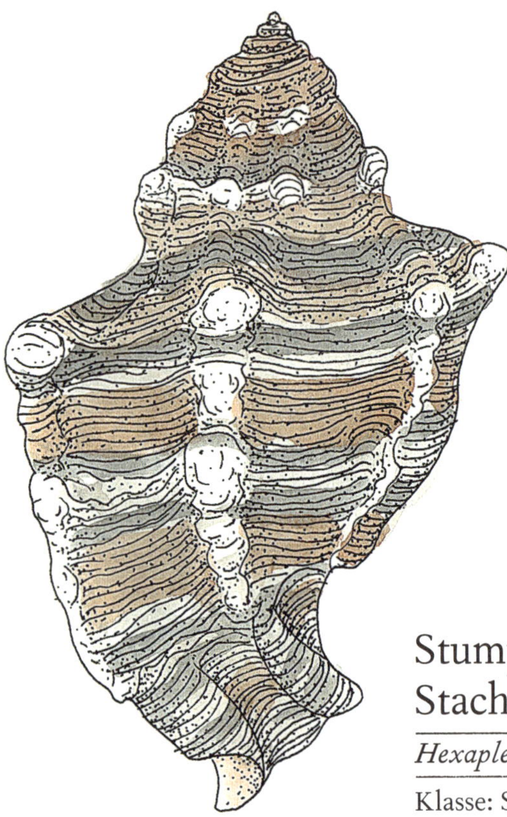

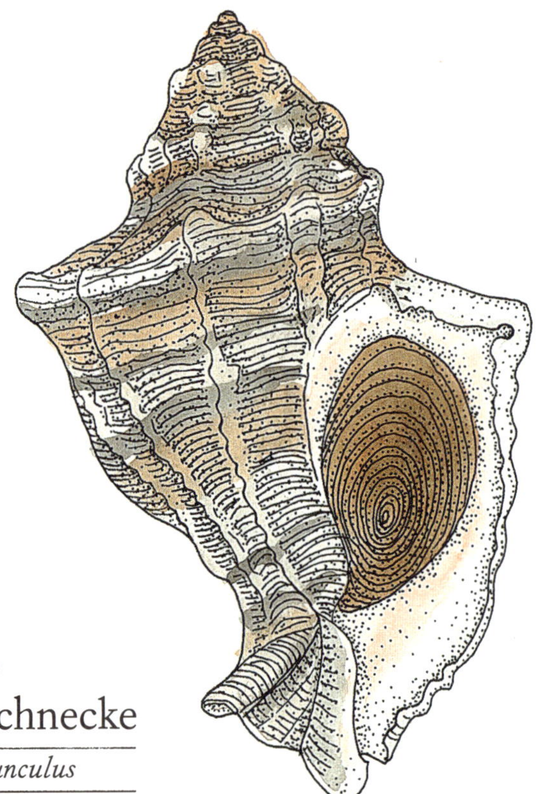

Stumpfe Stachelschnecke

Hexaplex trunculus

Klasse: SCHNECKEN

Die Stumpfe Stachelschnecke lebt in einem dickwandigen Haus. Sie besitzt eine Drüse, die einen violettroten Farbstoff erzeugt: das Purpur. In der Antike war Purpur sehr kostbar und diente dazu, Stoffe zu färben.

Kaurischnecken

Kaurischnecken haben ein dickwandiges gemustertes Haus, aber kein Operculum („Deckelchen“), um es zu verschließen.

Abb. 1

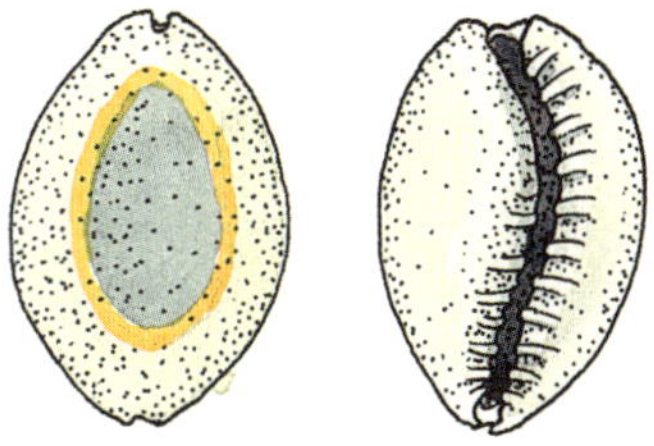

Goldringkauri

Monetaria annulus

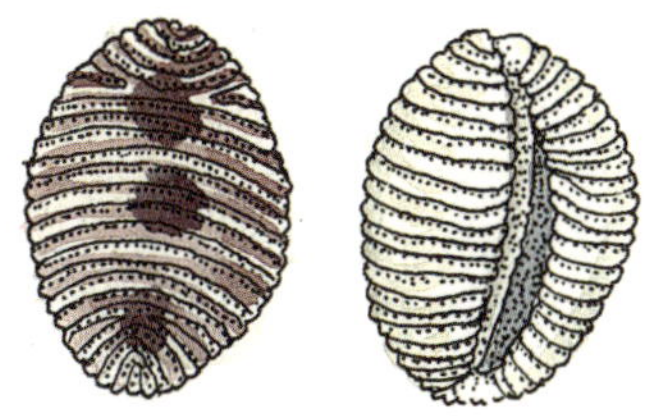

Abb. 2

Europäische Kauri

Trivia monacha

Abb. 3

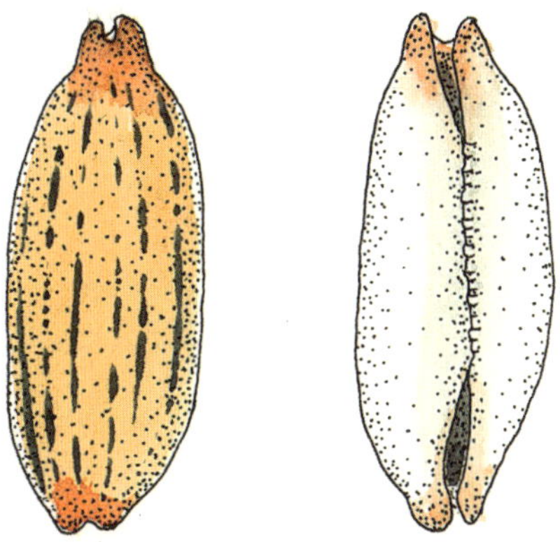

Isabell-Kaurischnecke

Luria isabella

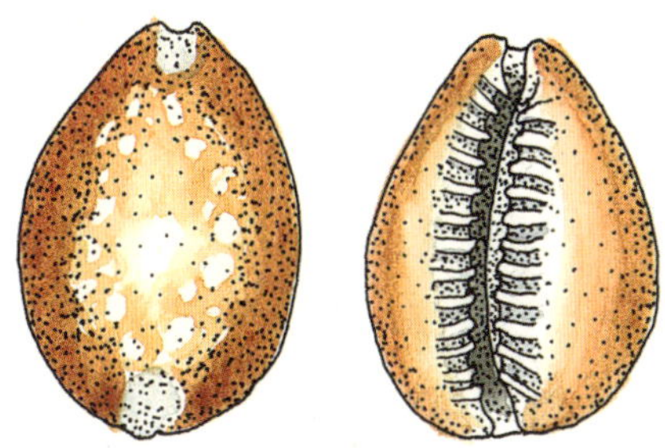

Abb. 4

Schlangenkopf-Kaurischnecke

Monetaria caputserpentis

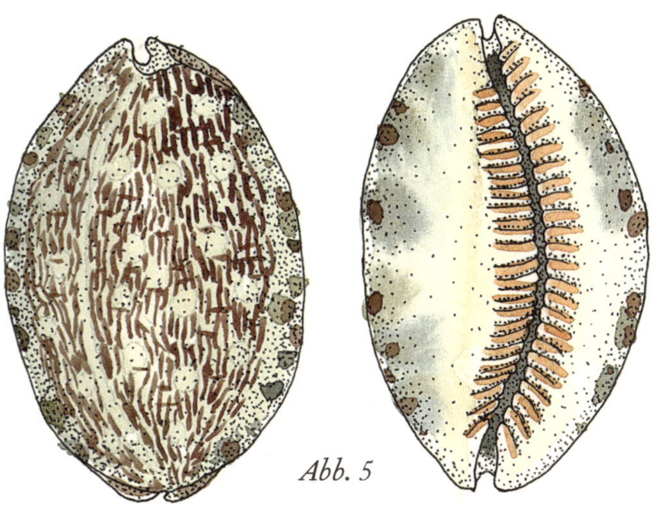

Abb. 5

Arabische Kaurischnecke

Mauritia arabica

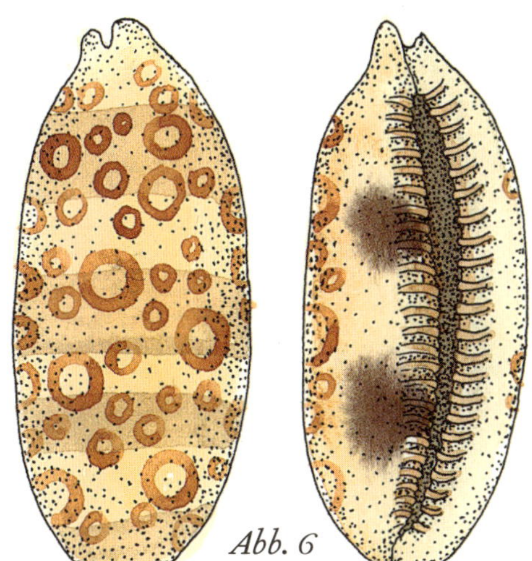

Abb. 6

Argusaugen-Kaurischnecke

Arestorides argus

Miesmuschel

Mytilus edulis

Klasse: MUSCHELN (BIVALVIA)

Wenn sie bei Flut von Wasser bedeckt ist, öffnet sich die Miesmuschel und saugt Wasser an, um daraus Plankton herauszufiltern. Sie verbringt ihr Leben an einem Fels oder auf einer anderen Unterlage, an die sie sich mit ihren Byssusfäden heftet.

Abb. 1

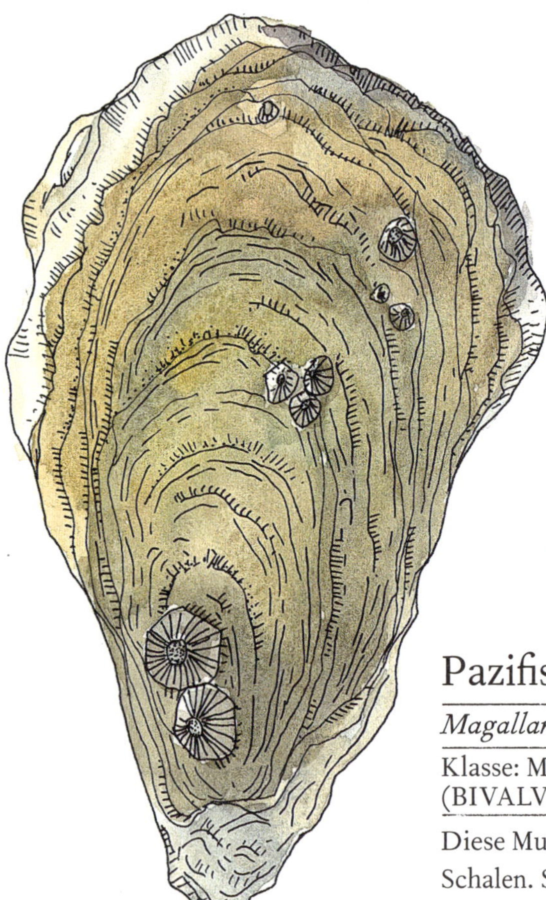

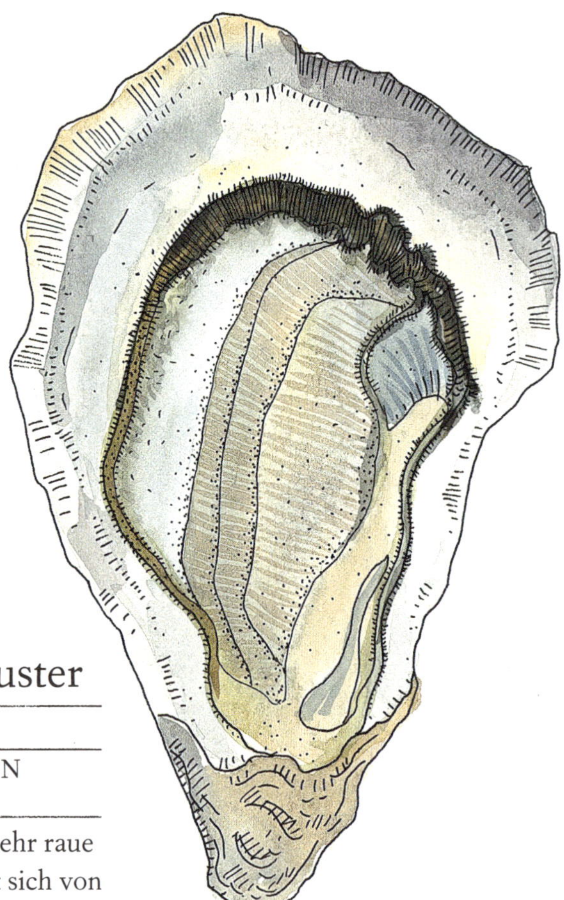

Abb. 2

Pazifische Auster

Magallana gigas

Klasse: MUSCHELN (BIVALVIA)

Diese Muschel hat sehr raue Schalen. Sie ernährt sich von Plankton, das ihre Kiemen zusammen mit dem Sauerstoff aus dem Wasser filtern.

Abb. 1

Große Strandschnecke

Littorina littorea

Klasse: SCHNECKEN

Bei Ebbe verschließen diese Schnecken ihr Haus mit einem Operculum („Deckelchen“).

Abb. 2

Wellhornschnecke

Buccinum undatum

Klasse: SCHNECKEN

Die Wellhornschnecke lebt an den Küsten des Nordatlantiks, des Mittelmeers und der Nord- und Ostsee.

Abb. 3

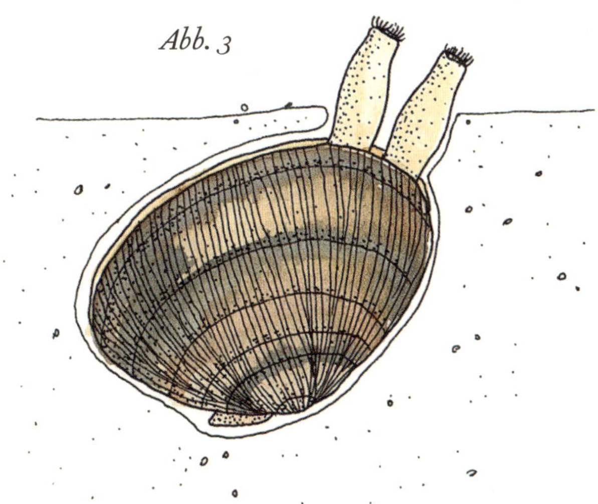

Venusmuschel

Ruditapes decussatus

Klasse: MUSCHELN

Die Venusmuschel gräbt sich in den Sand ein und streckt zwei Siphonen (röhrenförmige Fortsätze) heraus: Mit einem saugt sie Wasser an, mit dem anderen stößt sie es wieder aus.

Abb. 4

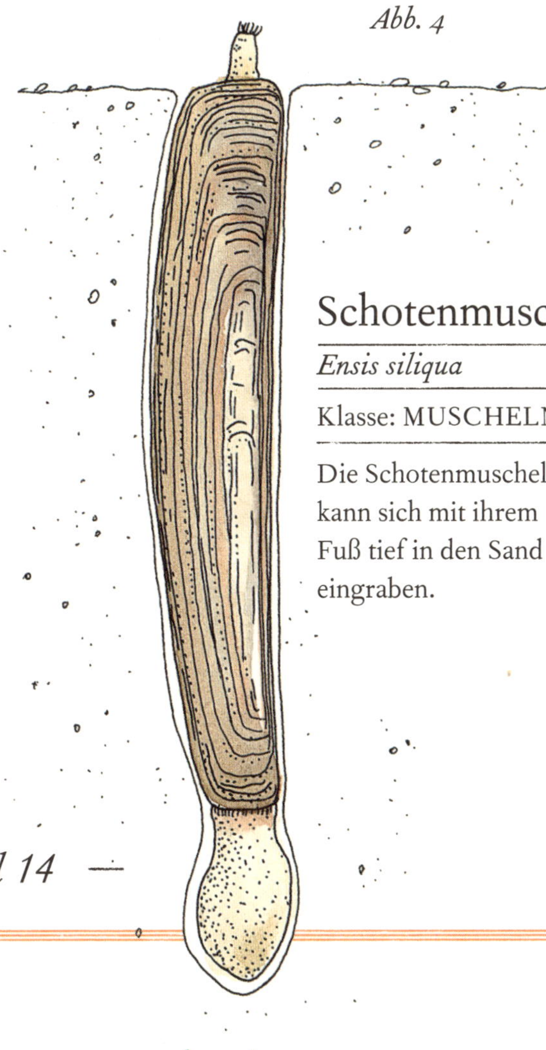

Schotenmuschel

Ensis siliqua

Klasse: MUSCHELN

Die Schotenmuschel kann sich mit ihrem Fuß tief in den Sand eingraben.

Kaisergranat

Nephrops norvegicus

Klasse: HÖHERE KREBSE

Er gräbt sich in Sand oder Schlamm eine Höhle, die er in der Abend- und Morgendämmerung verlässt, um auf Nahrungssuche zu gehen.

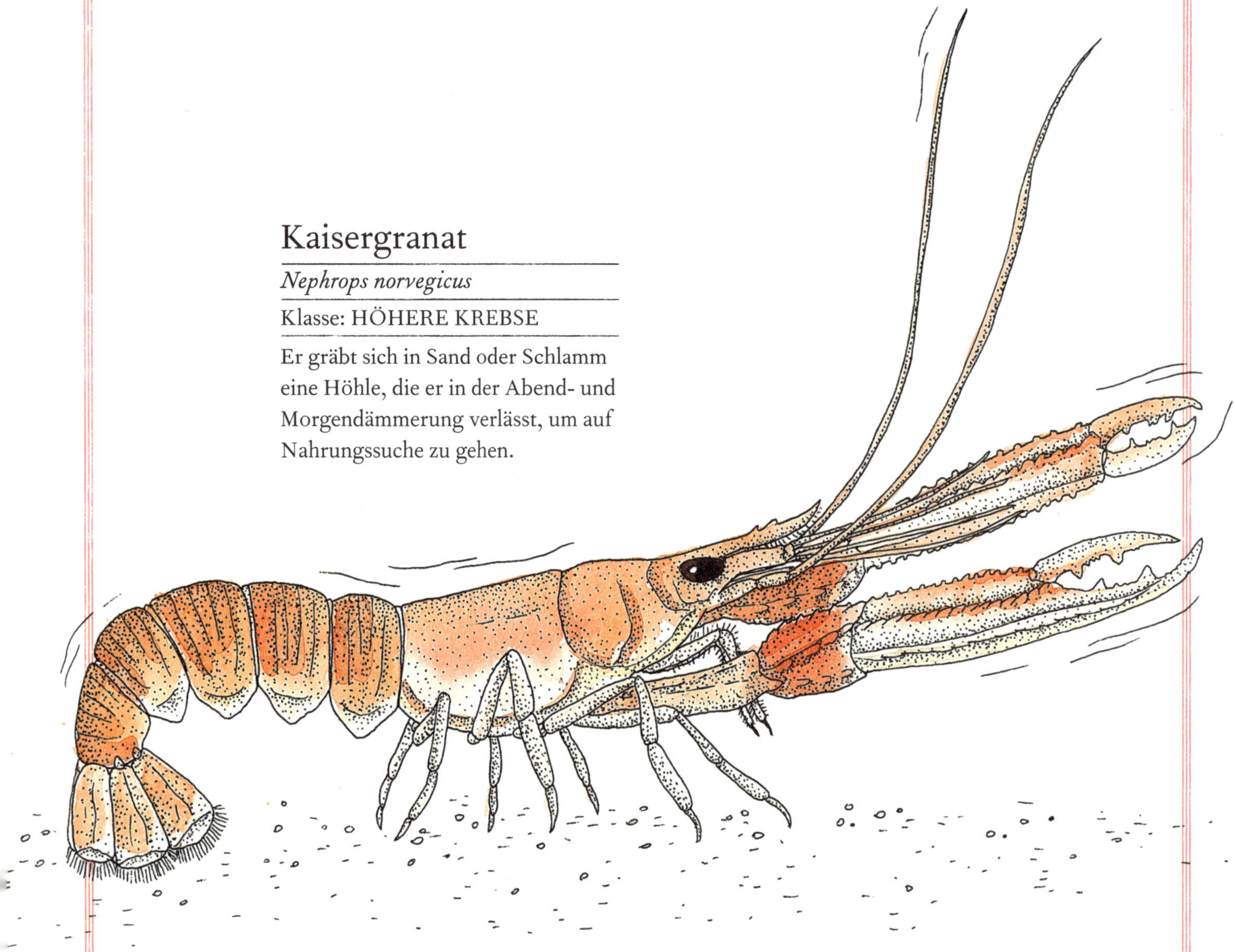

Kerbseepocke

Balanus crenatus

Klasse: MAXILLOPODA

Seepocken sind Krebstiere, die sich an Felsen, aber auch an andere Tiere wie zum Beispiel Meeresschildkröten oder Wale heften. Für die Nahrungsaufnahme schieben sie ihre Kalkplättchen auseinander, um mit den Fangfüßen Plankton aus dem Wasser zu filtern.

Abb. 1

Abb. 2

Klippenassel

Ligia oceanica

Klasse: HÖHERE KREBSE

Klippenasseln krabbeln an felsigen Küsten in Wassernähe herum. Sie sind halophil, das heißt, sie vertragen die stark salzhaltige Umgebung gut.

Krebstiere des Zooplanktons

Als Zooplankton bezeichnet man die Gesamtheit der kleinen Krebstiere, Larven unterschiedlicher Arten, sehr junge Fische und Krill. Krill ist eine kleine Krebsart, die in kalten Meeren riesige Schwärme bildet. All diese winzigen Tiere ernähren sich von Phytoplankton, das sich aus noch winzigeren Algen zusammensetzt. Walhaie, Bartenwale und viele anderen Tiere ernähren sich fast ausschließlich von Zooplankton.

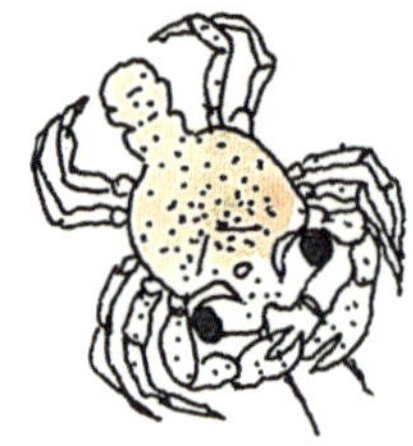

Abb. 1

Krebslarve

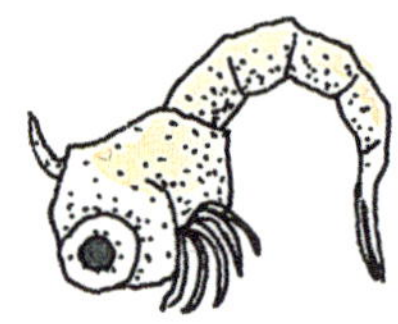

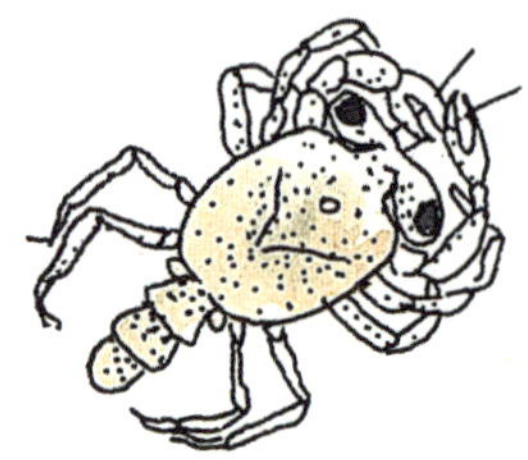

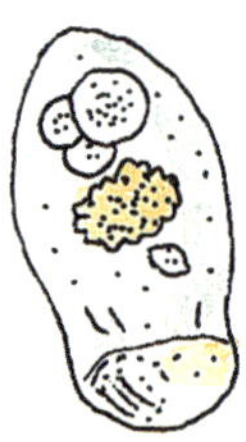

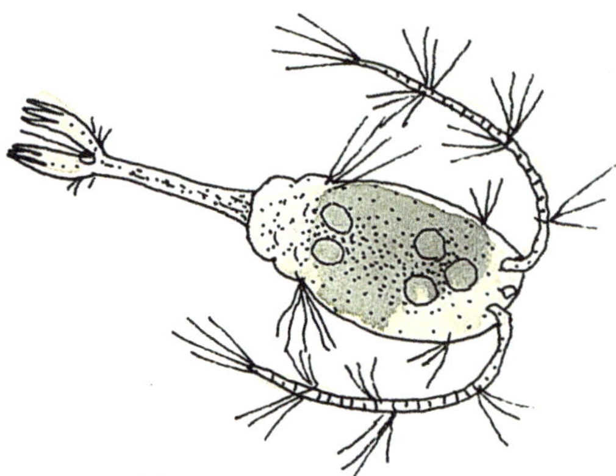

Abb. 2

Ruderfußkrebs

Abb. 3

Daphnie

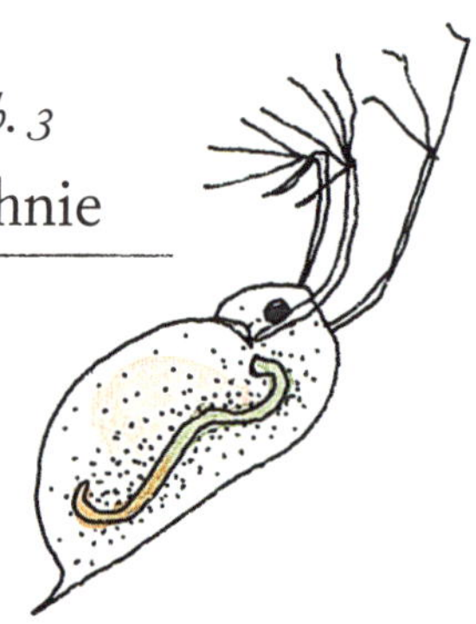

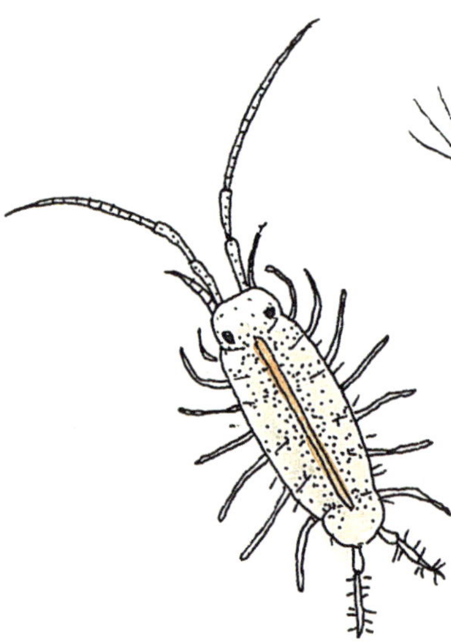

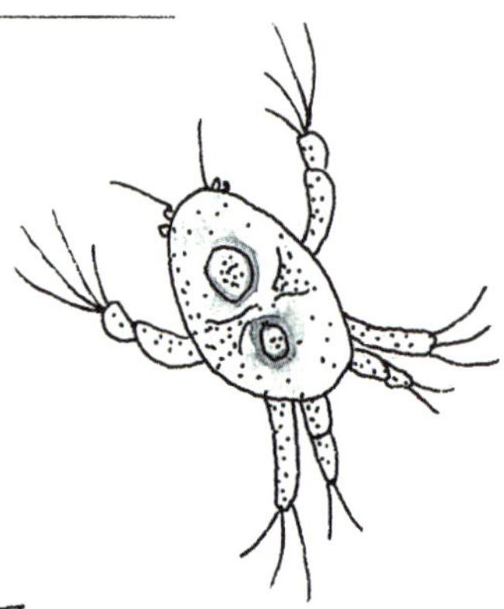

Abb. 4

Schwebegarnele

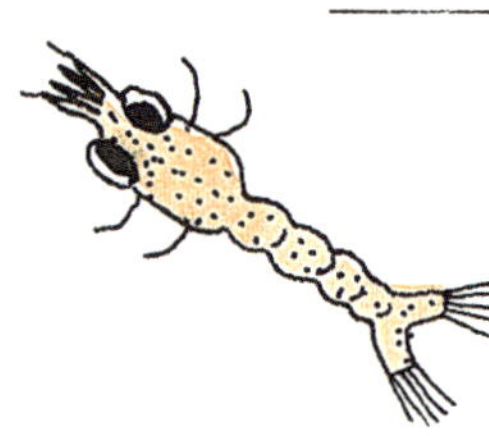

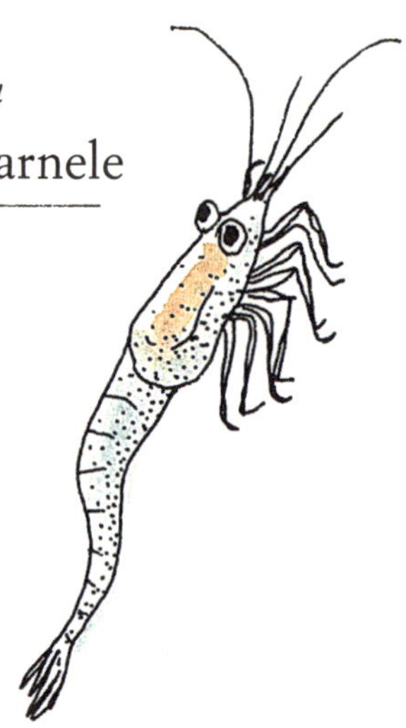

Dinochelus ausubeli

Klasse: HÖHERE KREBSE

Diese Zehnfußkrebsart kennen wir erst seit 2010, als sie von Forschern in der Philippinensee gefunden und beschrieben wurde. Die Scheren am ersten Beinpaar sind unterschiedlich lang.

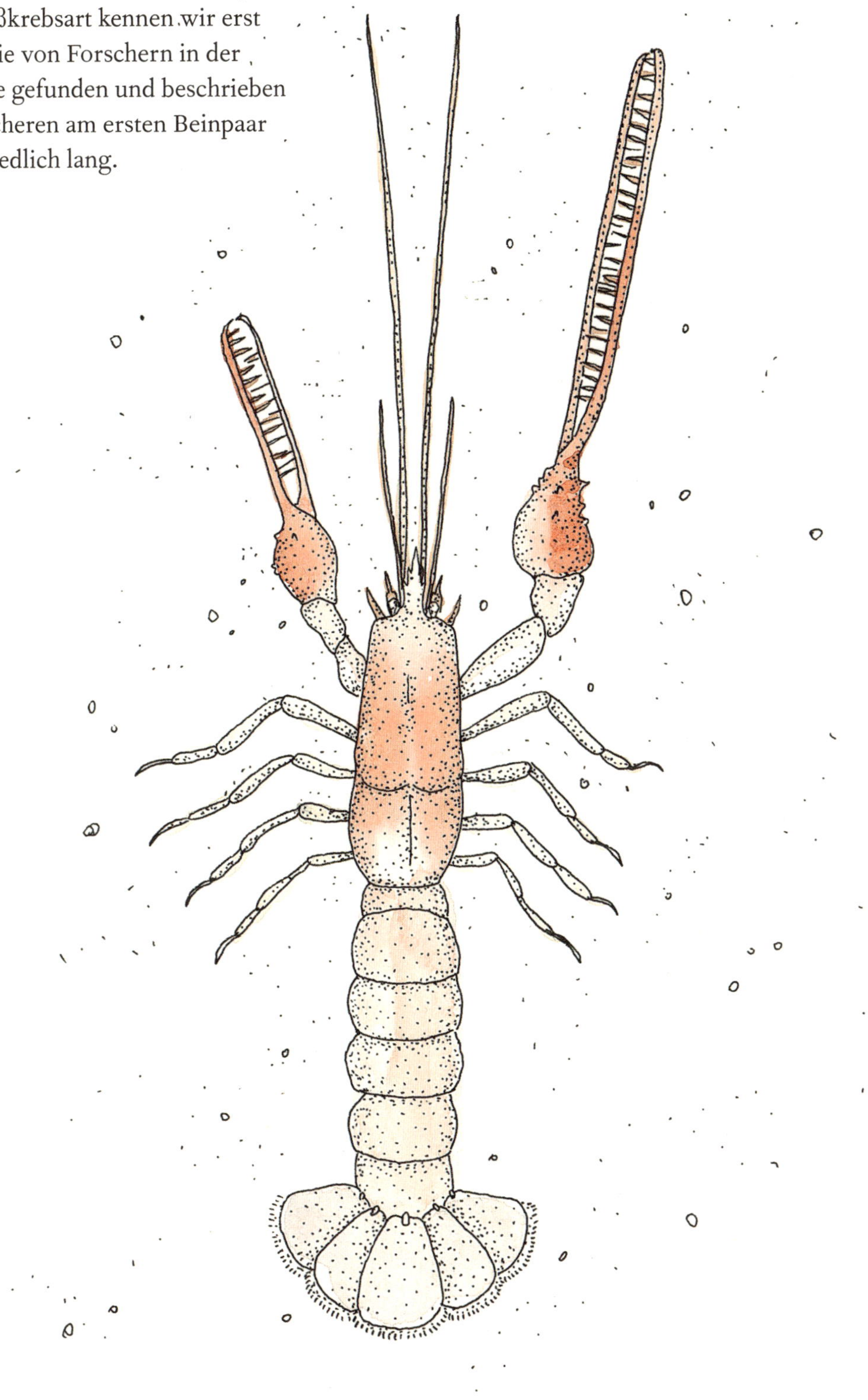

— *Tafel 18* —

Weltweit gibt es 6800 bekannte Krabbenarten. Alle besitzen zehn Beine, von denen das vorderste Paar mit Scheren ausgestattet ist. Deshalb zählen sie zu den Zehnfußkrebsen. Am Hinterleib erkennt man das Geschlecht: Bei Männchen setzt es sich aus drei Segmenten zusammen. Wenn es mehr Segmente sind, hat man ein Weibchen vor sich.

Westatlantische Reiterkrabbe

Ocypode quadrata

Klasse: HÖHERE KREBSE

Die Art wird auch „Rennkrabbe“ genannt, weil sie unglaublich schnell in ihre Höhle flüchten kann. Ihre eine Schere ist größer als die andere.

Abb. 1

Gemeine Strandkrabbe

Carcinus maenas

Klasse: HÖHERE KREBSE

Mitunter ist ihr Bauch leuchtend rot.

Abb. 2

Schwimmkrabbe

Portunus pelagicus

Klasse: HÖHERE KREBSE

Ihr Rückenpanzer fühlt sich samtig an. Das letzte Beinpaar ist schaufelförmig abgeflacht. Beim Schwimmen setzt das Tier diese „Schaufeln“ ähnlich ein wie ein Ruderer die Ruder.

Abb. 3

Gewöhnliches Seegras

Zostera marina

Klasse: BEDECKT-SAMER

Abb. 4

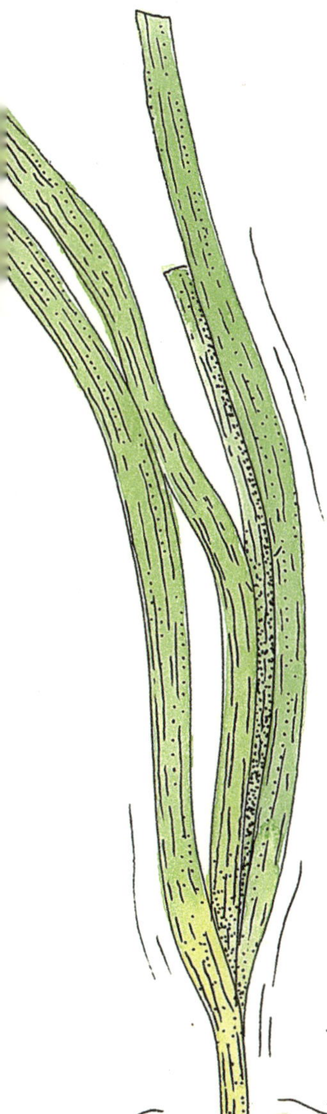

Gemeiner Einsiedlerkrebs

Pagurus bernhardus

Klasse: HÖHERE KREBSE

Weil dieser Zehnfußkrebs am Hinterleib nicht gepanzert ist, sucht er sich ein leeres Schneckenhaus als Schutz für den verletzlichen Körperteil. Wenn er größer geworden ist, schlüpft er aus dem alten Haus in ein neues.

Abb. 5

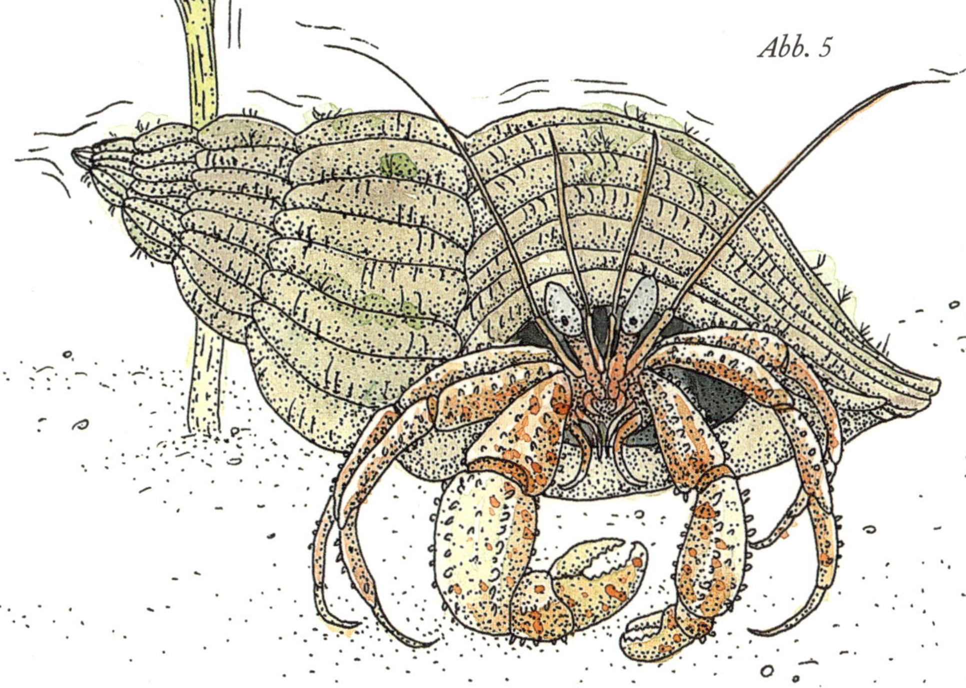

Schwämme und Seescheiden

Schwämme ernähren sich, indem sie Nahrungspartikel aus dem Wasser filtern. Trotz ihres Aussehens sind sie keine Pflanzen, sondern Tiere, die sich auf Gestein oder andere Unterlagen heften.

Abb. 1

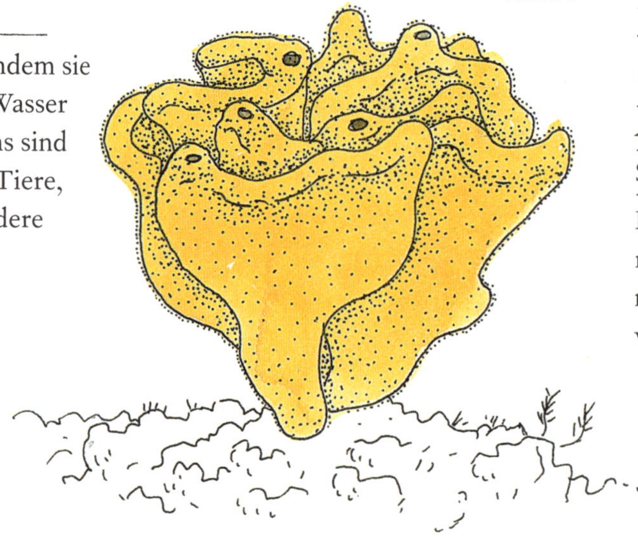

Lamellen-Geweihschwamm

Axinella damicornis

Stamm: SCHWÄMME

Er fühlt sich in seichten und ruhigen Regionen des Mittelmeers wohl. Seine Oberfläche wirkt samtig.

Abb. 2

Vasenschwamm

Callyspongia plicifera

Stamm: SCHWÄMME

Der Vasenschwamm wird bis zu 30 Zentimeter hoch.

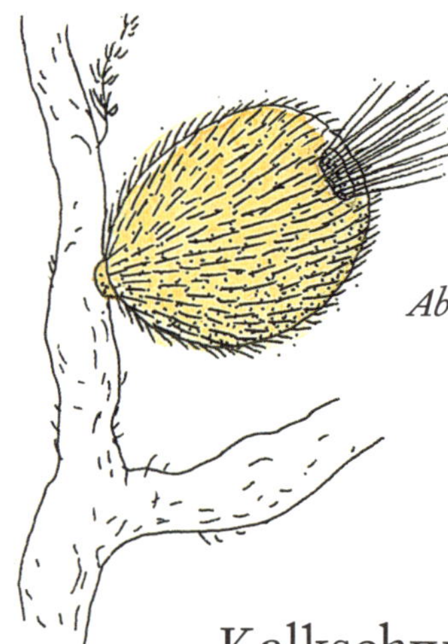

Abb. 3

Kalkschwamm

Leucandra aspera

Stamm: SCHWÄMME

Er heftet sich in Küstennähe an einer schattigen Stelle an einen Fels.

Brotkrumenschwamm

Halichondria panicea

Stamm: SCHWÄMME

Er überzieht Felsen und bildet ein bis drei Zentimeter hohe schlauchartige Auswüchse.

Abb. 4

Sternseescheide

Botryllus schlosseri

Stamm: Chordatiere,
Unterstamm: Manteltiere

Die Stern-Seescheide bildet Kolonien.

Abb. 5

Die Meeresbewohner auf dieser Tafel bezeichnet man als Seesterne. Sie zählen zu den Stachelhäutern. An der Unterseite ihrer Arme haben sie Saugnäpfe, mit denen sie sich fortbewegen und Muscheln öffnen.

Gemeiner Seestern

Asterias rubens

Stamm: STACHELHÄUTER

Abb. 1

Abb. 2

Fünfeck-Seestern

Asterina gibbosa

Stamm: STACHELHÄUTER

Gemeiner Sonnenstern

Crossaster papposus

Stamm: STACHELHÄUTER

Abb. 3

Haarstern

Antedon sp.

Stamm: STACHELHÄUTER

Als Jungtiere sind Haarsterne festgewachsen. Als Erwachsene klettern sie gerne auf erhöhte Positionen, um besser Nahrung aus dem Wasser filtern zu können.

Abb. 1

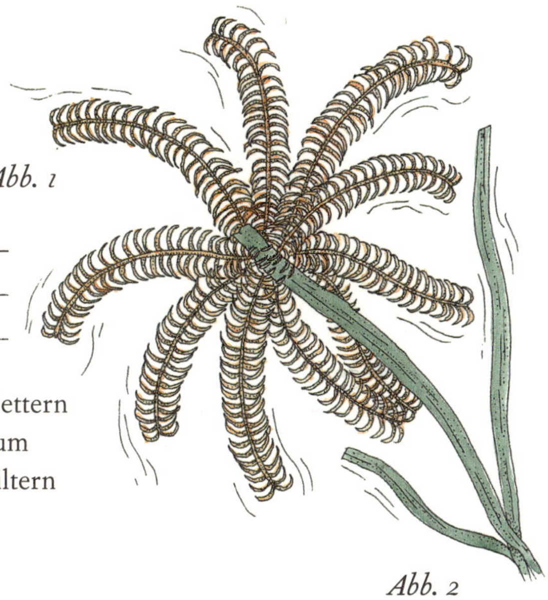

Abb. 2

Neptungras

Posidonia oceanica

Reich: PFLANZEN

Neptungras wächst unter Wasser, ist aber keine Alge, sondern eine höhere Pflanze: Es besitzt Wurzeln und Blätter, und aus seinen Blüten entwickeln sich Früchte, die man in manchen Gegenden „Meeresoliven“ nennt.

Weißspitzen-Seegurke

Holothuria poli

Stamm: STACHELHÄUTER

An der Bauchseite besitzt sie Saugfüßchen, auf denen sie sich fortbewegt.

Abb. 3

Abb. 4

Kriechsprossalge

Caulerpa prolifera

Klasse: ALGEN

Abb. 5

Abb. 6

Laminaria

Laminaria sp.

Klasse: ALGEN

Essbarer Seeigel

Echinus esculentus

Stamm: STACHELHÄUTER

Mit seinen beweglichen Stacheln kann er sich vor Fressfeinden schützen, über den Meeresboden wandern und sich im Sand eingraben. An seiner Unterseite befindet sich der Mund mit fünf Zähnen, mit denen er Algen abweidet.

Glatter Hammerhai

Sphyrna zygaena

Klasse: KNORPELFISCHE

Beim Hammerhai ist der Kopf seitlich verbreitert, sodass er an einen Hammer erinnert. An den Enden befinden sich die Augen. Der Glatte Hammerhai ernährt sich von Fischen, Krebstieren und Kalmaren.

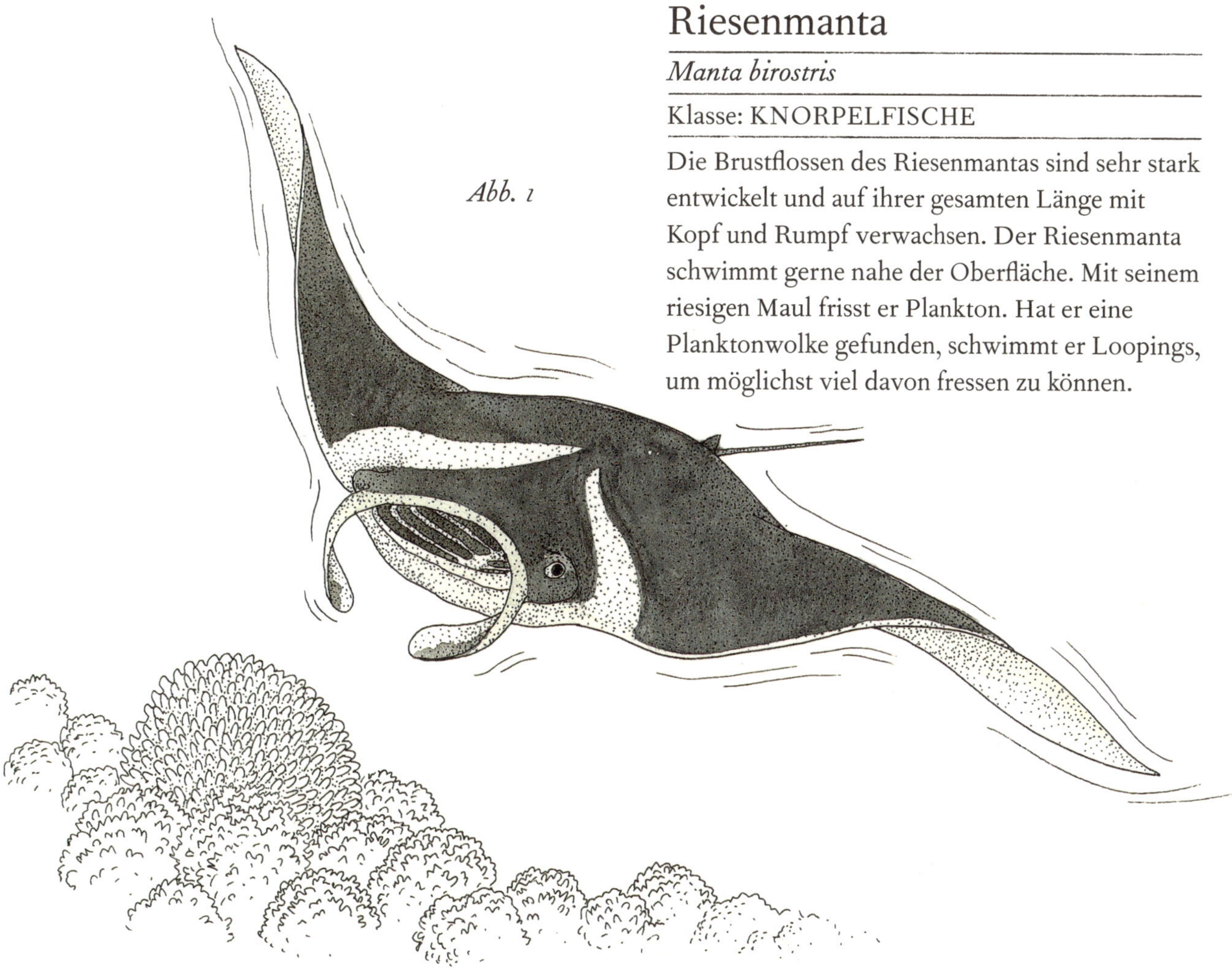

Abb. 1

Riesenmanta

Manta birostris

Klasse: KNORPELFISCHE

Die Brustflossen des Riesenmantas sind sehr stark entwickelt und auf ihrer gesamten Länge mit Kopf und Rumpf verwachsen. Der Riesenmanta schwimmt gerne nahe der Oberfläche. Mit seinem riesigen Maul frisst er Plankton. Hat er eine Planktonwolke gefunden, schwimmt er Loopings, um möglichst viel davon fressen zu können.

Abb. 2

Atlantischer Zitterrochen

Torpedo nobiliana

Klasse: KNORPELFISCHE

Der Zitterrochen hält sich am Meeresboden auf. Er betäubt oder tötet Fische mit kräftigen Stromstößen. Diese erzeugt er mithilfe von zwei elektrischen Organen, die zu beiden Seiten seines Kopfes liegen. Die Stärke der Ladungen liegt zwischen 70 und 220 Volt.

Fächerfisch oder Segelfisch

Istiophorus platypterus

Klasse: KNOCHENFISCHE

Bei dem nachtblauen, zwei Meter langen Fächerfisch ist der Oberkiefer stark verlängert und spitz zulaufend wie ein Degen. Besonders auffällig ist seine segelartige Rückenflosse. Mit Spitzengeschwindigkeiten von 40 Kilometer pro Stunde ist er der schnellste Meeresfisch.

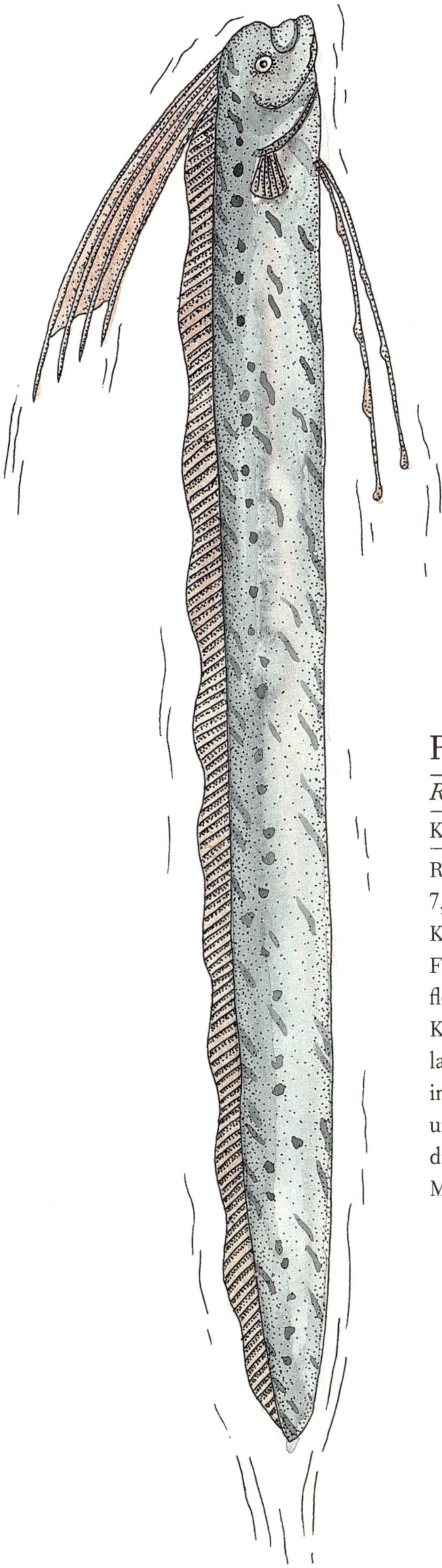

Riemenfisch

Regalecus glesne

Klasse: KNOCHENFISCHE

Riemenfische sind mit über 7,5 Metern Länge die längsten Knochenfische. Die vordersten Flossenstrahlen der roten Rückenflosse bilden über dem Kopf einen Kamm. Die Bauchflossen sind sehr lang. Der Fisch steht häufig aufrecht im Wasser. Seine Größe und sein ungewöhnliches Aussehen könnten die Entstehung von Sagen über Meeresungeheuer angeregt haben.

Atlantischer Lachs

Salmo salar

Klasse: KNOCHENFISCHE

Der Lachs ist ein silbrig glänzender Fisch, der in seinem Leben lange Wanderungen macht. Er schlüpft in einem Bach oder Fluss. Von dort aus schwimmt er ins Meer, wo er ein bis drei Jahre verbringt. Später kehrt er als erwachsener Fisch in sein Geburtsgewässer zurück, um zu laichen. Oft stirbt er auf dem Weg zurück ins Meer.

Blauflossen-Thunfisch

Thunnus thynnus

Klasse: KNOCHENFISCHE

Diese Thunfischart wird bis zu viereinhalb Meter lang und über 650 Kilogramm schwer. Ihr Fleisch wird sehr geschätzt, vor allem in Japan, wo man es auch roh isst. Aufgrund von Überfischung ist der Blauflossen-Thunfisch stark bedroht.

Sardine

Sardina pilchardus

Klasse: KNOCHENFISCHE

Die kleinen Sardinen sind sehr gute Schwimmer und leben in Schwärmen, die aus Tausenden von Artgenossen bestehen. Um sie zu fangen, locken Fischer sie mitunter mit dem Licht eines Scheinwerfers an.

Abb. 1

Abb. 2

Makrele

Scomber scombrus

Klasse: KNOCHENFISCHE

Junge Makrelen ernähren sich von Plankton, das sie mit ihren Kiemen aus dem Wasser filtern. Später fressen sie im Sommer und Herbst kleine Fische. Im Winter, ihrer Laichzeit, fasten sie.

Langschnäuziges Seepferdchen

Hippocampus guttulatus

Klasse: KNOCHENFISCHE

Auch wenn es nicht so aussieht: Das Seepferdchen ist tatsächlich ein Fisch. Es besitzt Flossen und atmet über Kiemen. Mit dem beweglichen Schwanz kann es sich an Pflanzen festhalten. Das Männchen trägt die Eier bis zum Schlüpfen der Jungen in einer Bruttasche am Bauch mit sich herum.

Perlenmuräne

Gymnothorax meleagris

Klasse: KNOCHENFISCHE

Sie wird bis zu 1,20 Meter lang und lebt an felsigem Meeresboden. Dort ist sie dank ihrer Färbung gut getarnt.

Rotfeuerfisch

Pterois miles

Klasse: KNOCHENFISCHE

Der Rotfeuerfisch ist ein Bewohner von Korallenriffen. Mit den langen Brustflossenstrahlen treibt er seine Beute in die Enge, um sie dann in sein weit aufgesperrtes Maul zu saugen. Die langen Strahlen der Rückenflosse sind giftig und schützen ihn vor Angreifern.

Picasso-Drückerfisch

Rhinecanthus aculeatus

Klasse: KNOCHENFISCHE

Weil er wie ein farbenfrohes modernes Gemälde aussieht, ist dieser Drückerfisch nach dem Maler Picasso benannt. Sein Körper ist seitlich abgeflacht, mit lang gezogenem Kopf. Wie alle Drückerfische kann auch er seinen ersten Rückenflossenstrahl aufstellen und mit dem folgenden Strahl so blockieren, dass er nicht mehr eingeklappt werden kann. So kann er sich in Riffspalten festklemmen. Zu beiden Seiten der Schwanzflosse sitzen Stacheln. Der Picasso-Drückerfisch erzeugt schwirrende Töne, die sogar über Wasser hörbar sind.

Rotmeer-Wimpelfisch

Heniochus intermedius

Klasse: KNOCHENFISCHE

Der verlängerte vordere Teil der Rückenflosse sieht wie eine Fahne oder ein Wimpel aus. Diese Art gehört zur Familie der Falterfische, die an Korallenriffen anzutreffen sind. Wimpelfische sind als Erwachsene Einzelgänger, die nur in der Paarungszeit mit einem Partner zusammenkommen.

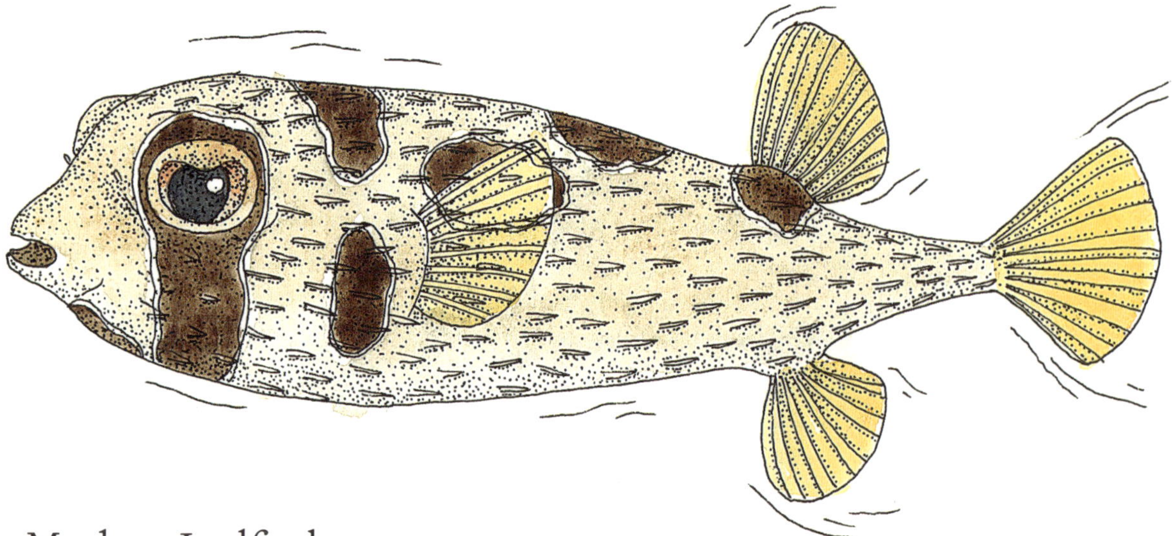

Masken-Igelfisch

Diodon liturosus

Klasse: KNOCHENFISCHE

Bei Gefahr schluckt dieser an Korallenriffen lebende Fisch eine große Menge Wasser. Dadurch schwillt er auf dreifache Größe an und seine Stacheln stehen ab.

Abb. 1

Fliegender Fisch

Cheilopogon heterurus

Klasse: KNOCHENFISCHE

Er kann aus dem Wasser springen und 200 Meter weit durch die Luft segeln. Zwar fliegt er nicht im eigentlichen Sinn, doch wenn er seine Flossen spreizt, fangen sie wie Segel den Wind ein.

Abb. 2

Abb. 3

Schildkröten-Seegras

Thalassia testudinum

Reich: PFLANZEN

Blauer Doktorfisch

Acanthurus coeruleus

Klasse: KNOCHENFISCHE

In seiner Jugend ist der Doktorfisch gelb, wenn er älter wird, verfärbt er sich blau. Doktorfisch nennt man ihn wegen der zwei Stacheln an beiden Seiten des Schwanzansatzes, die an Skalpelle erinnern. Bei Gefahr richtet er sie auf, um Fressfeinde abzuschrecken. Er selbst ist Vegetarier, denn er frisst nur Algen.

Leichhardts Sägerochen

Pristis microdon

Klasse: KNORPEL-FISCHE

Sägerochen besitzen ein von Zähnen gesäumtes Schwert, mit dem sie im Sand und Schlick des Meeresbodens ihre Beute aufstöbern. Diese Art lebt in den subtropischen Gewässern des Indischen und des Pazifischen Ozeans. Die Jungtiere halten sich oft im Süßwasser von Flüssen auf und schwimmen erst im Alter von einigen Monaten oder Jahren hinaus ins Meer.

Langmaul-Pinzettfisch

Forcipiger longirostris

Klasse: KNOCHENFISCHE

Seinen Namen verdankt dieser hübsche Fisch der stark verlängerten Schnauze, mit der er Krebschen und andere kleine Tiere aus ihren Verstecken ziehen kann.

Abb. 1

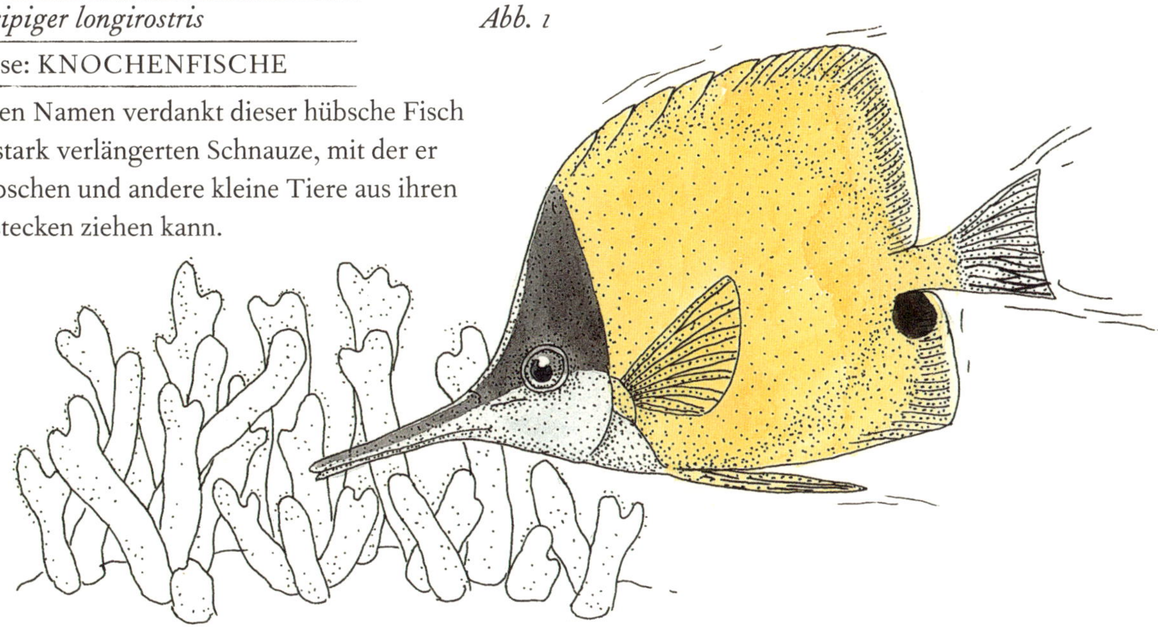

Königin-Engelfisch

Holacanthus ciliaris

Klasse: KNOCHENFISCHE

In der Karibik und in benachbarten Gewässern ist dieser blau-gelbe Fisch zu Hause. Seine Rückenflosse und seine Analflosse laufen in einer langen Spitze aus. Wie alle Engelfische trägt er an beiden Seiten des Kopfes je einen Stachel.

Abb. 2

Viperfisch

Chauliodus sp.

Klasse: KNOCHENFISCHE

Ein Tiefseebewohner mit einem beeindruckenden Profil! Seine Zähne sind auffallend lang. Entlang seines Bauches verlaufen zwei parallele Reihen von Leuchtorganen. Die Leuchtorgane unter seinen Augen benutzt er wie eine Taschenlampe, um in der dunklen Tiefsee Beute zu finden.

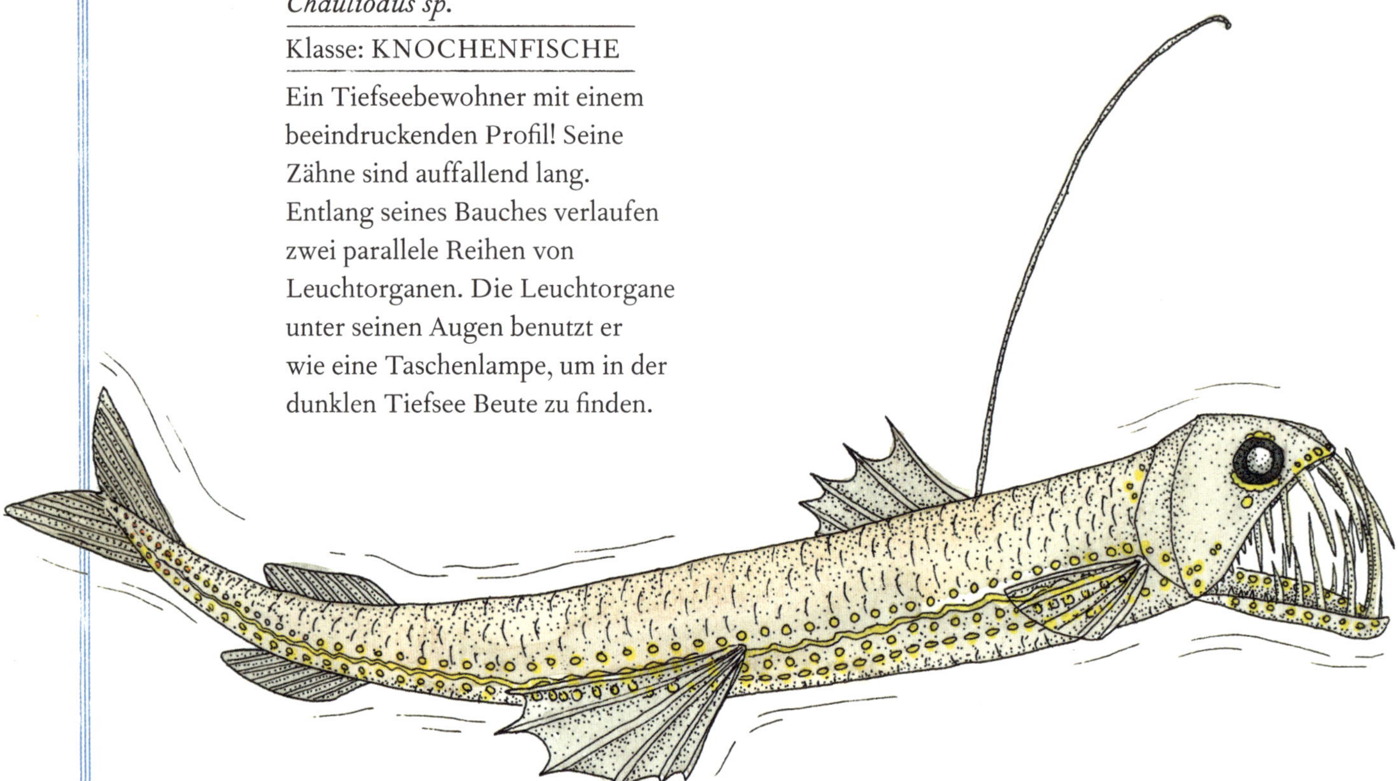

Tiefsee-Anglerfische

Klasse: KNOCHENFISCHE

Wie ihr Name verrät, leben diese Fische in der Tiefsee, wo es vollkommen dunkel und sehr kalt ist.

Abb. 1

Teufelsangler
Linophryne arborifera

An seiner Unterseite hat dieser sieben Zentimenter lange Teufelsangler eine verzweigte Kinnbartel, die einer Alge ähnelt. Zusätzlich besitzt er eine über dem Maul senkrecht abstehende Angel mit einem Leuchtorgan, das Beute anlockt.

Peitschenangler
Himantolophus groenlandicus

Ein besonderes Merkmal dieses Tiefseeanglers sind die über seinen Körper verteilten runden Knochenplatten mit mittigem Stachel.

Abb. 2

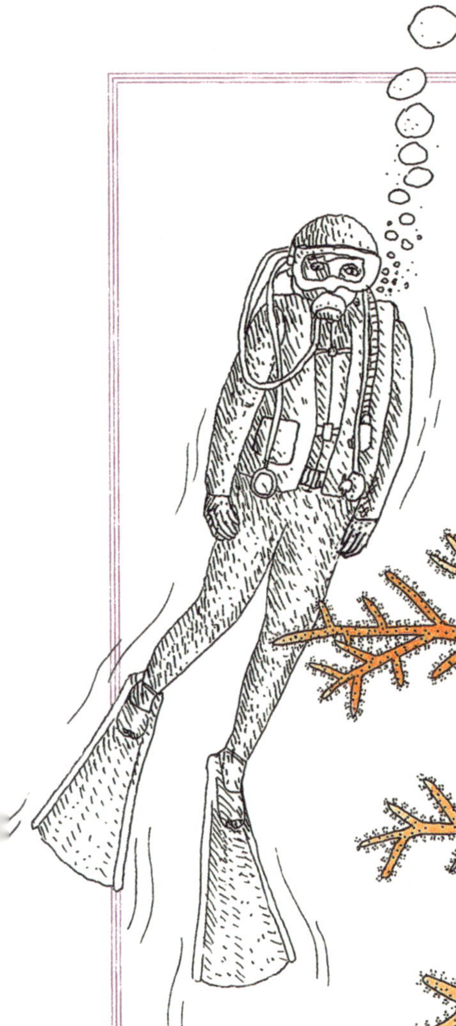

Nesseltiere besitzen sogenannte Nesselkapseln. Diese liegen an der Hautoberfläche und enthalten einen winzigen Schlauch, der anderen Tieren bei Kontakt Gift einspritzt. Die Tentakel der Nesseltiere sind mit einem Muskelsystem ausgestattet, das ihnen ermöglicht, der eigenen Mundöffnung Nahrung zuzuführen. Weil sie keinen Darmausgang besitzen, scheiden sie ihre Verdauungsabfälle wieder über die Mundöffnung aus. Manche Nesseltiere bilden Kolonien, wie zum Beispiel die Korallen und die Hornkorallen, andere wiederum wie die Quallen und die Seeanemonen sind Einzeltiere.

Gelbe Gorgonie

Leptogorgia sarmentosa

Stamm: NESSELTIERE

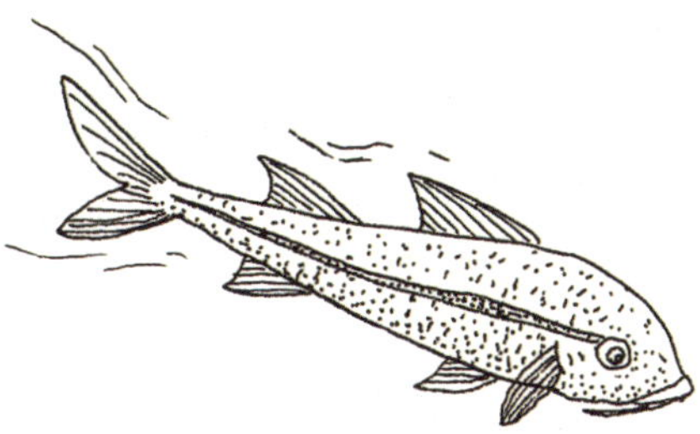

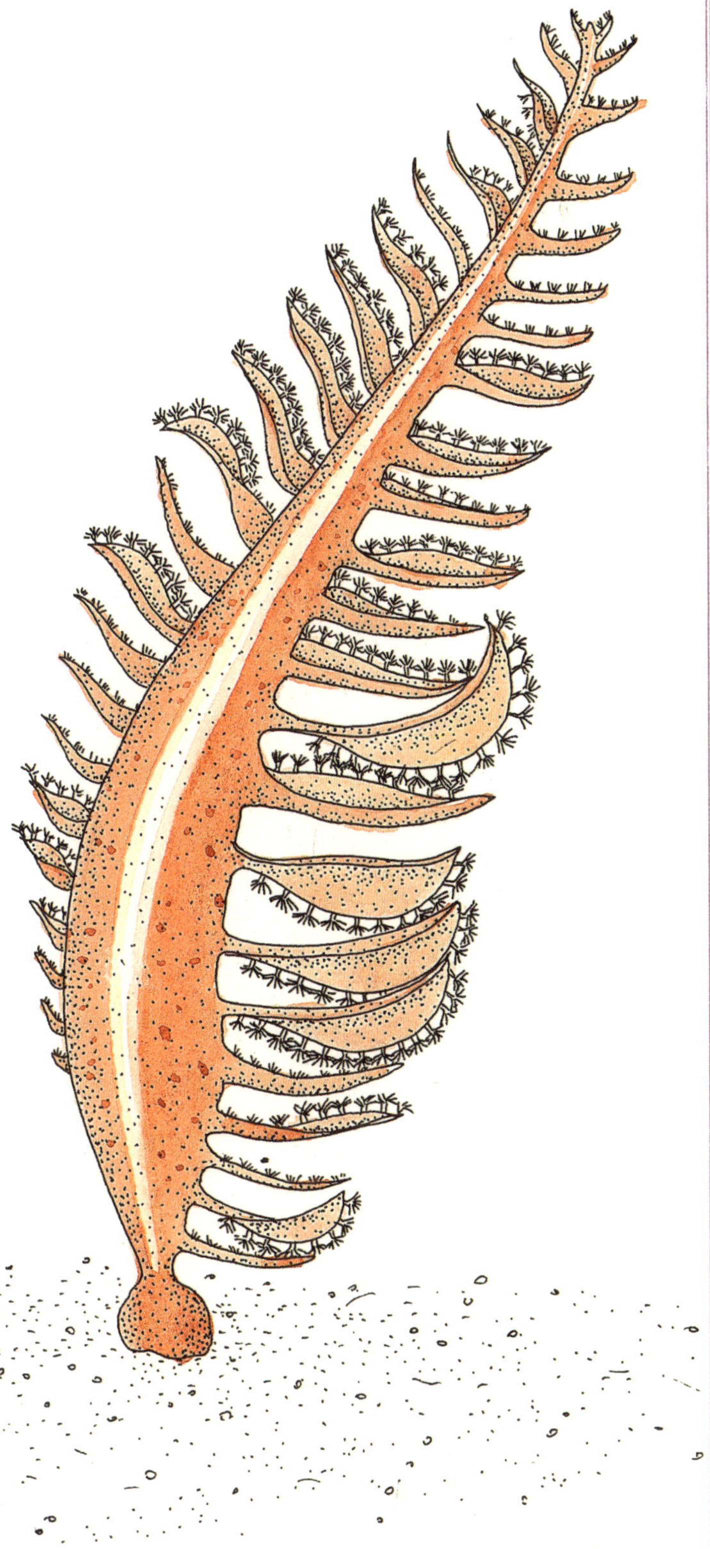

Seefeder

Pennatula sp.

Stamm: NESSELTIERE

Hirnkoralle

Diploria labyrinthiformis

Stamm: NESSELTIERE

Die Hirnkorallen gehören zur Ordnung der Steinkorallen. Ihre Steinskelette bilden gefurchte Gebilde, die an ein menschliches Gehirn erinnern. Sie leben in Symbiose mit winzigen Algen.

Orangeringel-Clownfisch

Amphiprion ocellaris

Klasse: KNOCHENFISCHE

Ein besonderer Schleim schützt den Körper des kleinen Fischs vor Nesselgift. Deshalb kann er in Symbiose mit Seeanemonen leben, zum Beispiel mit der Prachtanemone: Zwischen ihren Tentakeln ist er vor Fressfeinden sicher. Die Seeanemone wiederum ernährt sich von seinen Nahrungsabfällen.

Abb. 1

Abb. 2

Prachtanemone

Heteractis magnifica

Stamm: NESSELTIERE

Abb. 3

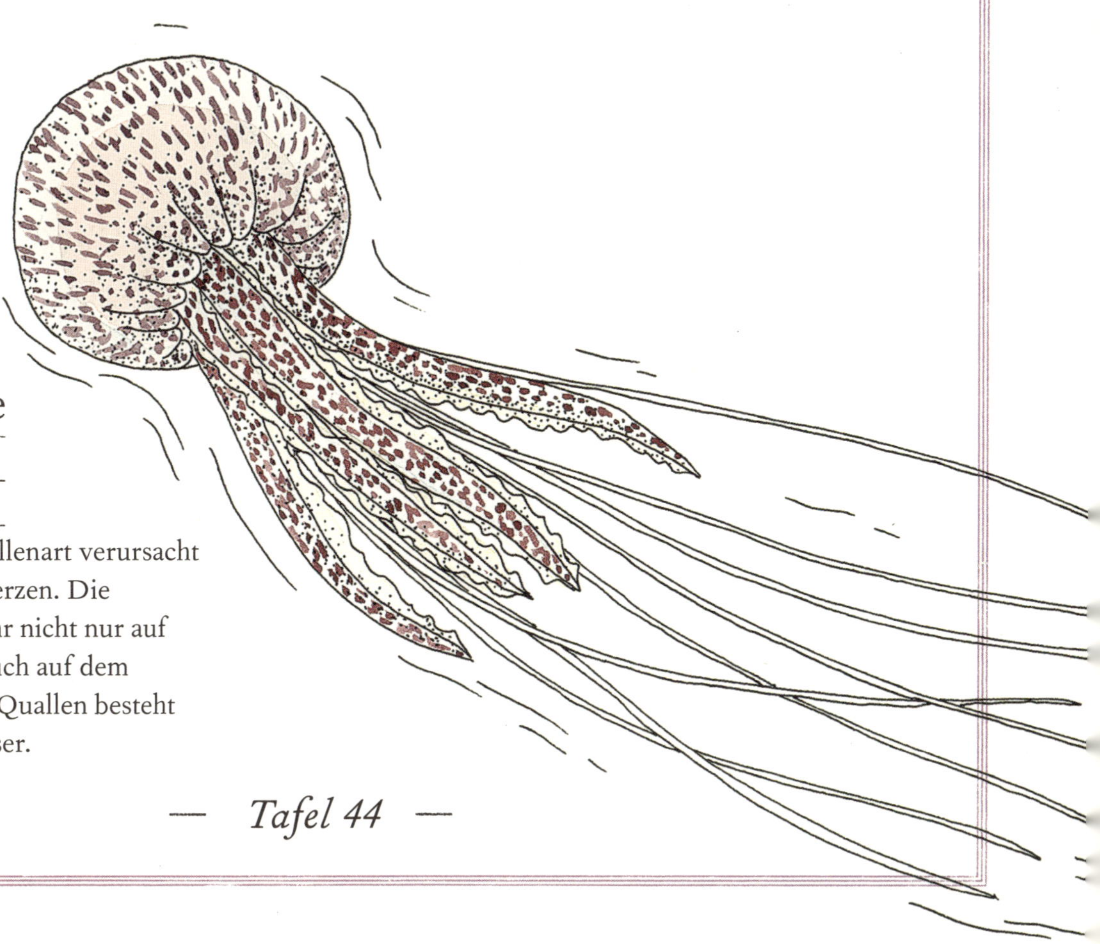

Leuchtqualle oder Feuerqualle

Pelagia noctiluca

Stamm: NESSELTIERE

Das Nesselgift dieser Quallenart verursacht auch uns Menschen Schmerzen. Die Nesselkapseln sitzen bei ihr nicht nur auf den Tentakeln, sondern auch auf dem Schirm. Wie alle anderen Quallen besteht sie zu 97 Prozent aus Wasser.

Meerechse

Amblyrhynchus cristatus

Klasse: KRIECHTIERE

Die auf den Galapagosinseln heimische, bis zu 1,75 Meter große Meerechse ist die einzige moderne Echse, die ihre Nahrung im Meer sucht, wo sie Algen abweidet. Im Wasser bewegt sie sich mit kräftigen Schwanzbewegungen fort. Wenn sie an Land zurückgekehrt ist, scheiden Drüsen in den Nasengängen das aufgenommene Salz aus.

Abb. 1

Abb. 2

Ulva oder Meersalat

Ulva

Gattung: GRÜNALGEN

Leistenkrokodil

Crocodylus porosus

Klasse: KRIECHTIERE

Das Leistenkrokodil ist in den Flussmündungen und Mangrovenwäldern Indiens und Australiens zu Hause und auch weit im Meer anzutreffen. Das bis zu sechs Meter lange Tier ist ein ausdauernder Schwimmer. Die Weibchen legen ihre Eier an Land und bewachen das Nest. Die Haut dieser Krokodilart wird zu einem begehrten Leder verarbeitet.

— *Tafel 46* —

Grüne Meeresschildkröte

Chelonia mydas

Klasse: REPTILIEN

Der Rückenpanzer der bis zu 1,50 Meter großen Meeresschildkröten ist leichter und glatter als bei Landschildkröten und außerdem stärker stromlinienförmig. Ihre Beine sind zu abgeflachten Flippern umgebildet. Weder Beine noch Kopf können in den Panzer eingezogen werden. Die Grüne Meeresschildkröte ist die einzige Meeresschildkrötenart, die im Erwachsenenalter nur von Seegras lebt. Eine weitere Besonderheit ist, dass sie gelegentlich an Land kommt, um sich in der Sonne aufzuwärmen.

Bunter Kalkröhrenwurm

Hydroides elegans

Klasse: VIELBORSTER

Bei Ebbe ist von diesem Wurm nur seine Kalkröhre sichtbar. Bei Flut fährt er seine roten Tentakeln aus. Zieht sich das Wasser wieder zurück, verschließt er die Öffnung mit einem weißrandigen, wie eine kleine Trompete geformten Operculum („Deckelchen“).

Abb. 1

Wattwurm

Arenicola marina

Klasse: SEDENTARIA

Der 10 bis 25 Zentimeter lange Wattwurm gräbt einen U-förmigen Gang in Sand oder Schlick. Den Aushub lagert er als typische „Würstchen“ an der Oberfläche ab. Auf einem Quadratmeter Sand leben 100 bis 150 dieser kleinen Tiere. Sie ernähren sich, indem sie Sand verschlingen und die darin befindlichen Futterpartikel verdauen.

Abb. 2

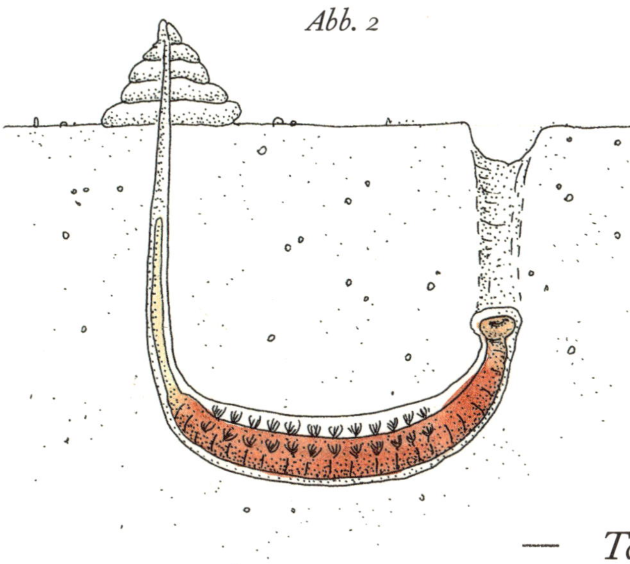

Schillernder Seeringelwurm

Hediste diversicolor

Klasse: VIELBORSTER

Er verlässt seine Gänge im Sand, um auf die Jagd zu gehen. Mit seinen Mundwerkzeugen ergreift er Futterpartikel und Planktontierchen.

Abb. 3

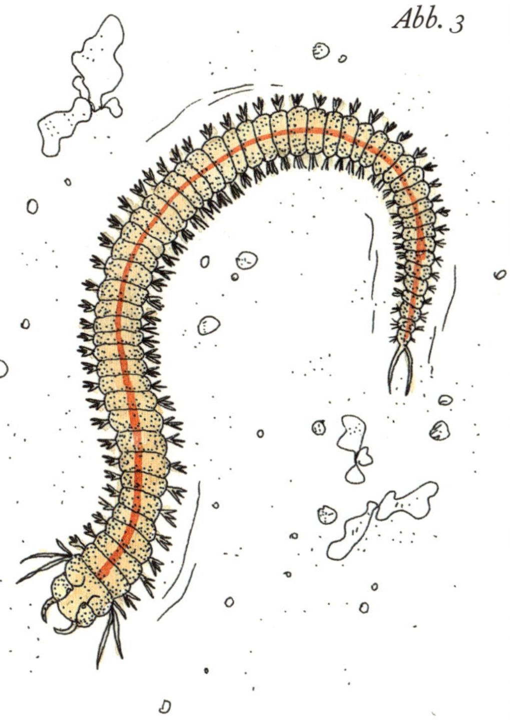

Gewöhnlicher Strandhafer

Ammophila arenaria

Reich: PFLANZEN

Der Strandhafer hat sich an trockene Lebensräume angepasst und gedeiht auch gut an Stränden. Mittlerweile wird er an Dünen angepflanzt, weil er sie mit seinen langen Wurzeln stabilisiert.

Abb. 1

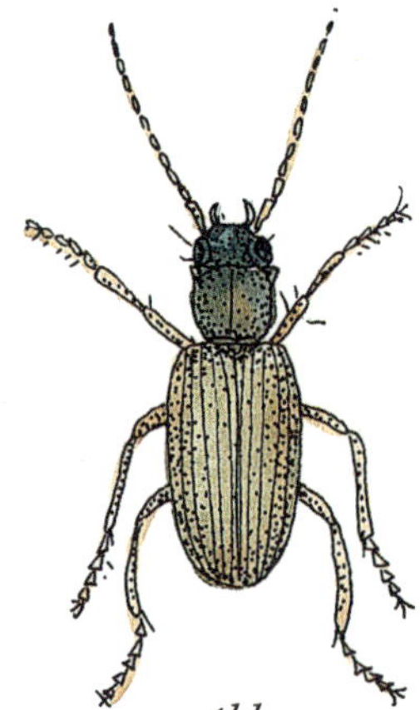

Abb. 2

Cillenus lateralis

Klasse: INSEKTEN

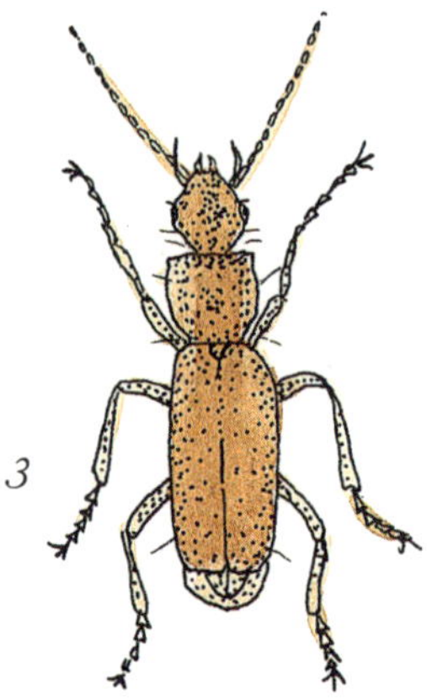

Abb. 3

Aepus marinus

Klasse: INSEKTEN

Diese beiden Laufkäfer leben ausschließlich auf Sandstränden. Wenn sie bei Flut unter Wasser geraten, macht ihnen das nichts aus, denn sie können ihre seitlichen Atemöffnungen (Tracheen) verschließen und kommen längere Zeit ohne frischen Sauerstoff aus.

Abb. 4

Dünengrasrüssler

Otiorhynchus atroapterus

Klasse: INSEKTEN

Die Larven dieses kleinen, auf Gräsern lebenden Käfers fressen gerne Strandhaferwurzeln.

Abb. 6

Strand-Wolfsmilch

Euphorbia paralias

Reich: PFLANZEN

Die Strand-Wolfsmilch wächst auf und an Stränden und Dünen. Sie blüht von Mai bis September.

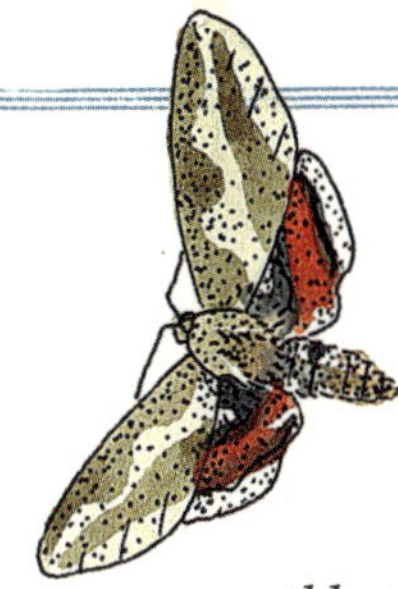

Abb. 5

Wolfsmilch-schwärmer

Hyles euphorbiae

Klasse: INSEKTEN

Wie der Name schon verrät, legen die Weibchen dieser Schwärmerart ihre Eier auf Wolfsmilchgewächsen ab.

Abb. 7

Weiden-Sandbiene

Andrena vaga

Klasse: INSEKTEN

Weiden-Sandbienen bilden Kolonien, doch gräbt sich jedes Weibchen eine eigene Höhle für seinen Nachwuchs.

Abb. 8

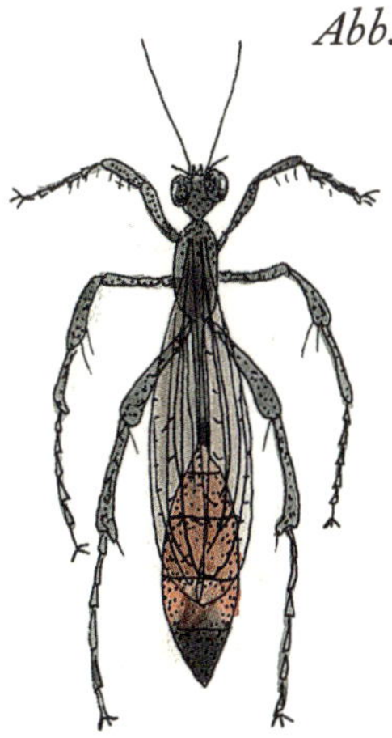

Gemeine Sandwespe

Ammophila sabulosa

Klasse: INSEKTEN

Während sich die erwachsenen Sandwespen von Blütennektar ernähren, sind ihre Larven Fleischfresser. Das Weibchen trägt eine durch ihren Giftstich gelähmte Raupe in ihren Sandtunnel. Dann legt sie ein Ei ab. Nach dem Schlüpfen ernährt sich die Larve von der Raupe.

Gewöhnlicher Strandflieder

Limonium vulgare

Reich: PFLANZEN

Der Strandflieder ist eine Pionierpflanze, die sich auf salzhaltigen Böden an Küsten des Mittelmeers, der Nord- und Ostsee und des Atlantischen Ozeans wohlfühlt.

Abb. 9

Papageitaucher

Fratercula arctica

Klasse: VÖGEL

Papageitaucher leben außerhalb der Brutzeit auf dem offenen Meer. Sie tauchen 15 Meter tief, um kleine Fische zu fangen. Dabei setzen sie die Füße zum Lenken ein. Im Frühjahr suchen die Vögel geeignete Küsten des Nordatlantiks auf und nisten in Erdlöchern und Felshöhlen. In der Paarungszeit sind die bunten Farben des Schnabels und das Orangerot der Füße kräftiger.

Südlicher Königsalbatros

Diomedea epomophora

Klasse: VÖGEL

Mit seinen drei Metern Spannweite ist dieser Königsalbatros der weltweit größte Seevogel. Ebenso wie die übrigen zwölf Albatrosarten lebt er auf und an den Meeren der Südhalbkugel. Partner, die sich einmal gefunden haben, bleiben ein Leben lang zusammen.

Kaiserpinguin

Aptenodytes forsteri

Klasse: VÖGEL

Kaiserpinguine schwimmen und tauchen sehr geschickt und erreichen Tiefen von über 400 Metern! Sie brüten auf dem Packeis der Antarktis. Ihre Flügel setzen sie im Wasser als Flipper ein. Fliegen können sie mit ihnen nicht.

Tordalk

Alca torda

Klasse: VÖGEL

Tordalke haben im Winter einen teilweise weißen Kopf, im Sommer ist er ganz schwarz. Sie leben an Felsküsten des Nordatlantiks. Mit ihren kurzen, abgerundeten Flügeln fliegen sie sehr schnell, können aber nicht in den Gleitflug übergehen. Im Wasser setzen sie die Flügel wie Flossen ein.

Abb. 1

Mantelmöwe

Larus marinus

Klasse: VÖGEL

Die Mantelmöwe ist die größte aller Möwenarten und lebt an den Küsten Nordamerikas und Nordeuropas. Ihre Flügel sind an der Oberseite schwarz und haben weiße Spitzen, die Füße sind hell rosafarben. Männchen und Weibchen bauen auf hohen Felsen ein Nest aus Pflanzen und Algen, in dem beide Partner zwei bis drei Eier ausbrüten.

Abb. 2

Austernfischer

Haematopus ostralegus

Klasse: VÖGEL

Austernfischer sind sehr geschickt darin, Muscheln zu öffnen. Entweder hämmern sie sie auf, oder sie stecken den Schnabel hinein und zupfen an dem Muskel, der die Muschel geschlossen hält. Bei Ebbe wandern Austernfischer über den nassen Sand und stochern mit dem Schnabel nach Muscheln, Krabben und Garnelen.

Basstölpel

Morus bassanus

Klasse: VÖGEL

Mit einer Spannweite von bis zu 1,80 Metern zählt der Basstölpel zu den größten Seevögeln des Nordatlantiks. Er ernährt sich von Fischen und Kalmaren. Er hält in großer Höhe kreisend Ausschau nach ihnen und fliegt dann im senkrechten Sturzflug mit bis zu 100 Kilometern pro Stunde auf das Wasser zu, in das er bis zu zehn Meter tief eintaucht. Dabei verletzt er sich nicht, weil seine Schädeldecke verstärkt ist und Luftsäcke an der Brust und den Seiten den Aufprall auf das Wasser dämpfen.

REGISTER

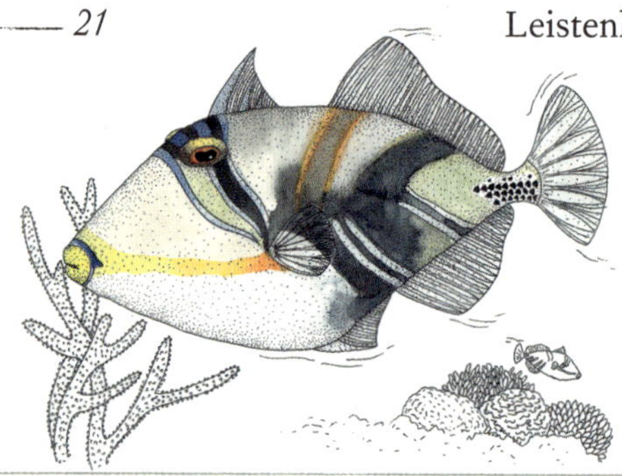